RECUEIL

DE PLANCHES,

SUR

LES SCIENCES,

LES ARTS LIBÉRAUX,

ET

LES ARTS MÉCHANIQUES,

AVEC LEUR EXPLICATION.

ARTS DE L'HABILLEMENT

A PARIS,

AVEC APPROBATION ET PRIVILEGE DU ROY.

BOUTONNIER,

CONTENANT SIX PLANCHES.

Il y en a de trois sortes, boutonnier faiseur de moules de bouton ; boutonnier faiseur de boutons en métal ; & boutonnier-paſſementier.

PLANCHE Iere.

Boutonnier faiſeur de moules de boutons.

LA vignette ou le haut de la Planche repréſente la boutique d'un boutonnier faiſeur de moules, avec des ouvriers occupés à différentes manœuvres.

Fig. 1 & 2. Deux ouvriers qui ſcient des morceaux de bois d'où l'on emportera les moules avec les perçoirs.

3 & 4. Ouvrier & ouvriere qui font des moules de bouton à l'archet.

5, 6 & 7. Ouvriers au tour.

Bas de la Planche.

1, 2, 3, 4, 5, 6, 7. Perçoirs, les uns pour pratiquer au moule de bouton les différens trous dont il doit être percé ; les autres pour lui donner en même tems, ſoit en-deſſus, ſoit en-deſſous, ſes différentes formes concaves ou convexes.

8. Scie à main.
9. Compas d'épaiſſeur.
10. Pince.
11. A & B, ciſeaux.
12. C & D, autres ciſeaux.
13. E & F, brochettes.
14. Billot.
15. Meſure.
16. Marteau.
17. Couperet.
18. Lime douce.

PLANCHE II.

Fig. 19. Archet.
20. Banquette du mouleur vûe de face.
21. La même banquette vûe ſur ſa longueur.
22. Plan de la même banquette.
23. Rouet à percer ſeul.
24. Maniere de préſenter l'ouvrage au perçoir avec la pince.
25. G & H, brochettes avec ouvrage.
26. Rouet à mouler ſeul.
  K, pince appliquée au-devant des ſupports du rouet.
27. Etau.
28. Scie.

PLANCHE III.

Boutonnier en métal.

La vignette ou haut de la Planche repréſente la boutique d'un boutonnier.

Fig. 1. Ouvrier qui emboutit des pieces de métal qui ont été coupées avec l'emporte-pieces.
  a, billot.
  b, tas à emboutir.

2. Ouvrier occupé à faire fondre le maſtic dans les calottes des boutons que la *fig.* 1. vient d'emboutir. Il les expoſe ſur du ſable dans une platine de taule ; cette platine eſt poſée ſur une poîle de feu. Il ajuſte un moule dans chaque calotte de bouton, pendant que le maſtic eſt chaud.

3. Ouvrier qui ſertit les boutons ſur le tour, au ſortir des mains de la *fig.* 2. pour les polir enſuite.

Bas de la Planche.

4. E F, G H, emporte-pieces.
14. Boutonnier.

A B, coupe d'un emporte-pieces.
D . D, pieces de métal enlevées à l'emporte-pieces.
R, au-deſſous repréſente une bande de métal où les empreintes de l'emporte-pieces ſont marquées comme vuides, en *c, c, c, c.*

5. M N, tas uni.
  I K, bouterolle unie. C'eſt avec ces deux outils qu'on emboutit les pieces D D de la *fig.* 4. On en met cinq ou ſix l'une ſur l'autre, comme on voit en L ; on place enſuite la *fig.* L dans la foſſette T du tas uni ; & en frappant deſſus avec la bouterolle K I, & le marteau, *fig.* 7. on donne aux calottes la forme convexe qu'on leur voit en O ; on place enſuite la *fig.* O dans la foſſette du tas gravé, *fig.* 6. on frappe deſſus avec la bouterolle qui lui eſt propre, & alors la calotte du bouton eſt prête à recevoir le moule de buis, de corne, d'yvoire, &c. qu'on veut y adapter.

6. P Q, tas gravé en creux.
  V, X, deux bouterolles gravées en relief.

7. Marteau à emboutir.

8. *a, b, c, d,* quatre manieres différentes d'arranger la corde aux moules de boutons.

9. *e i i,* profil d'un bouton prêt à ſertir. Sertir n'eſt autre choſe que rabattre les extrémités *i, i* de la calotte, vers la partie *e* du moule, comme on voit en *f.*
  g, bouton tout ſerti, vû en-deſſus.
  h, le même, vû en-deſſous.
  l, le même, vû de profil.

10. Platine de taule. 1, 2, 3, 4, 5, calottes de bouton, poſées ſur du ſable que la platine contient.

11. Brucelles pour retirer les calottes de deſſus le feu quand le maſtic eſt fondu.

12. *a,* mandrin à polir le bouton.

13. *a b c,* tour à ſertir & à polir les boutons.
  d, mandrin à ſertir.
  e, bruniſſoir à ſertir.
  f g, vis du tour, ſervant à ſerrer le bouton ſur le mandrin *d.*

14. *a,* tige à mandrin.

15. Grattoir ou avivoir, pour aviver la ſertiſſure du bouton.

16. Morceau de bois garni de peau de bufle, pour polir le deſſus du bouton.

PLANCHE IV.

Boutonnier-paſſementier.

La vignette repréſente l'intérieur d'une chambre, dans laquelle on a pratiqué un retranchement ou cabinet vitré, pour que les ouvriers qui travaillent, ſoient plus commodément.

Fig. 1. Ouvrier qui jette un bouton, c'eſt-à-dire qu'il le couvre de la ſoie qui vient de deſſus le rocher qui eſt devant lui, fixé ſur une broche de fer plantée verticalement dans un trou de l'établi. L'établi eſt ordinairement de forme exagone, dont le côté a ſeize pouces, & peut ſervir à ſix ouvriers à-la-fois. On en a ſeulement repréſenté deux pour éviter la confuſion ; d'ailleurs la petiteſſe des figures ne permettroit pas de voir les objets qu'ils tiennent dans leurs mains.

2. Ouvriere qui coud le bouillon ou autres ornemens ſur le bouton. Elle a devant elle le coffret nommé *pâté*, qui eſt accroché au rebord de la table. Au milieu de l'établi eſt la boîte à bouillon, & au

tres dorures & enjolivures, dont on se sert pour orner les boutons.

3. Ouvriere qui travaille au boisseau, & fait jarretiere, brandebourg ou cordons de montre. Ce travail a beaucoup d'affinité avec celui de la dentelle. On appelle *boisseau* la planche courbe qui recouvre les genoux de l'ouvriere, sur laquelle l'ouvrage se fabrique. Les fuseaux passent d'un côté à l'autre, comme ceux de la dentelle, sur le coussin de ces sortes d'ouvrieres.

4. Ouvrier qui travaille à la jatte à faire des cordons ronds, dont l'intérieur est garni d'une meche.

Bas de la Planche.

Fig. a, broche à dévider & à travailler, échelle double.
  b, fer à rouler, échelle double.

2. Pâté dont se sert l'ouvriere *fig. 2.* de la vignette.

A, le pâté vû pardevant.

B, le pâté vû par le côté opposé, où on distingue les crochets qui servent à le fixer au rebord de l'établi. On y a aussi pratiqué un tiroir représenté à moitié ouvert dans la premiere figure; le dessus qui est entouré d'un rebord, est couvert de drap vert.

3. Boîte à bouillon, & son crible séparé.

4. Billot sur lequel sont fixées quatre broches qui reçoivent un certain nombre de rochets garnis de soie, que l'on peut doubler, en tirant en même tems les soies de plusieurs rochets. Ces trois dernieres figures 2, 3, 4 sont dessinées sur une échelle double.

5. Etabli en perspective.

6. Jatte sur laquelle travaille l'ouvrier, *fig. 4.* montée sur son pié.

PLANCHE V.

Fig. 7. Rouet à dévuider ou tracaner, vû du côté opposé à la manivelle.

8. Elevation géométrale du rouet, du côté de la tête.

9. Tournettes ou guindres, sur lesquelles l'écheveau de soie est placé. Pour faire usage de ces deux instrumens, on place le pié du guindre près de celui du rouet précédent, de maniere que sa longueur soit perpendiculaire à celle du pié du rouet, & le siége de l'ouvriere est placé vis-à-vis de la manivelle du rouet.

10. Rouet à cordonner & à retordre.

11. Elevation du même rouet.

12. Autre rouet d'une construction différente, servant à tordre.

12. n. 2. Chape de la petite roue du rouet.

PLANCHE VI.

Fig. A, moule de bouton.

Fig. B, bouton d'or trait à amande, à six croix, moitié satiné, moitié rosté.

Fig. C, bouton d'or à cul de dé, moitié cordonnet d'éfilé, & moitié clinquant, fait à l'éguille.

Fig. D, bouton d'or glacé de trait à six croix, les pointes en cordonnet de trait. On en fait aussi à quatre croix; ce sont les plus communs.

Fig. E, bouton d'or à limace, moitié satiné, moitié rosté.

Fig. F, Bouton d'or trait à épi, rosté, avec cerceau & tête d'or, deux petits falbalas.

Fig. 1. Bouton satiné de soie plate, & rosté avec une milanoise de soie, façon de chapeau, avec un six croix rosté en façon de pommette.

2. Bouton satiné en soie plate, & rosté en milanoise de soie, façon de cordon d'évêque à six croix.

3. Bouton satiné de soie plate, à huit croix, huit cordelieres à la tête, une rosette à chaque bout des cordelieres, d'où part un point de dentelle en milanoise de soie.

4. Bouton satiné de soie plate, piqué à carreaux en points de dentelle, avec une milanoise de soie & différens ornemens.

5. Bouton d'or dit à garde d'épée, à quatre croix, moitié lame cannelée, & moitié cordonnet de trait.

6. Bouton d'or dit à garde d'épée, à six croix, moitié lame grenée, & moitié cordonnet de trait.

7. Bouton d'or à lame guillochée, à six croix.

8. Bouton d'or à lame unie fortifiée, à six croix.

9. Bouton d'or à lame à filigrame double, à quatre croix. L'attention de l'ouvrier contribue beaucoup à la perfection de l'ouvrage.

10. Bouton d'or à filigrame simple, à six croix, les points en lames unies. L'essentiel, pour faire ce bouton, est que l'outil qui fait le filigrame, soit bien fait, & que le cordonnet de trait soit d'égale grosseur.

11. Lame unie représentée, ainsi que les suivantes, beaucoup plus en grand.

12. Lame cannelée.

13. Lame crenée.

14. Lame guillochée.

15. Lame à filigrame simple.

16. Lame à filigrame double.

Les différentes configurations de ces cinq dernieres lames sont de l'invention de M. Pierre Bergerot. Elles sont doublées par plusieurs brins de soie qui en occupent la largeur, auxquels elles sont réunies par un fil de trait qui est guipé dessus.

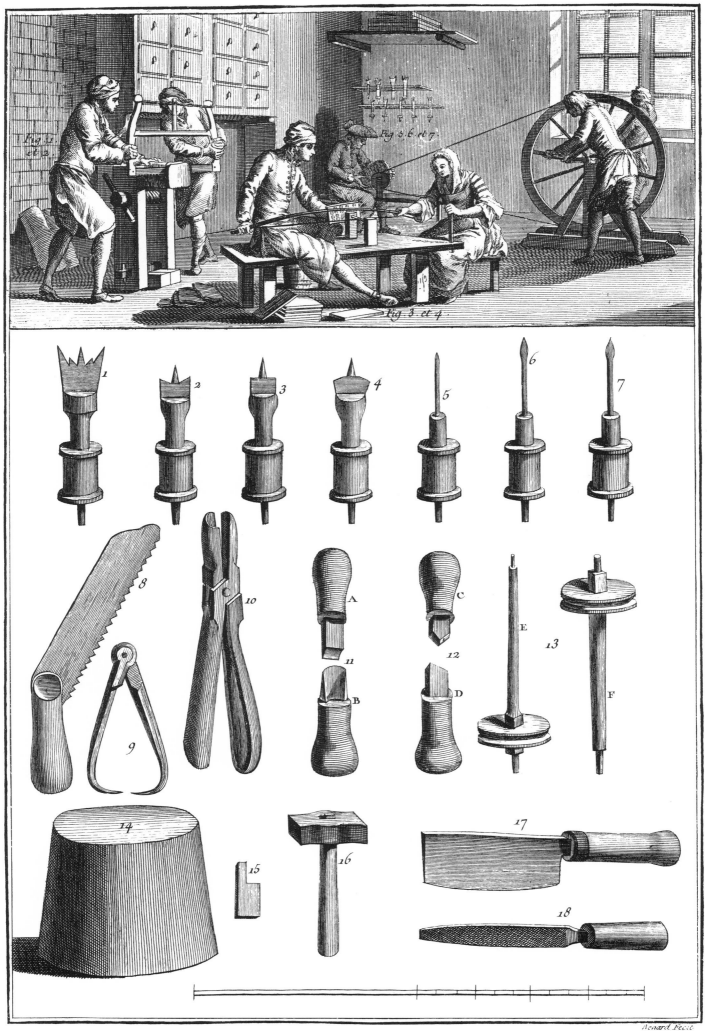

Pl. 1.

Boutonnier, Faiseur de Moules.

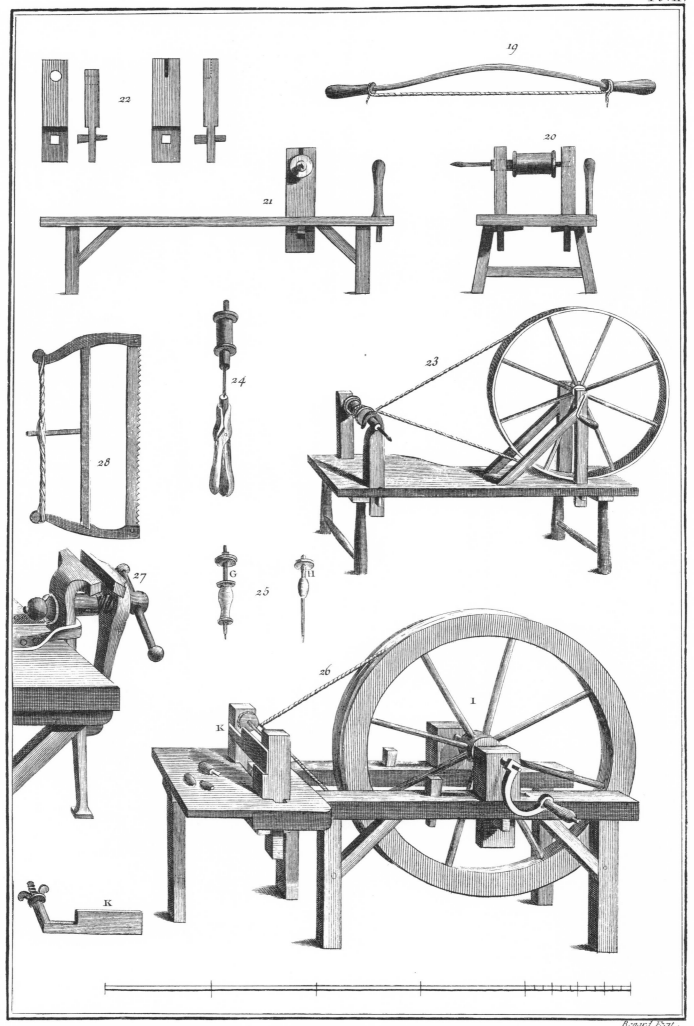

Pl. II.

Boutonnier Faiseur de Moules.

Benard Fecit

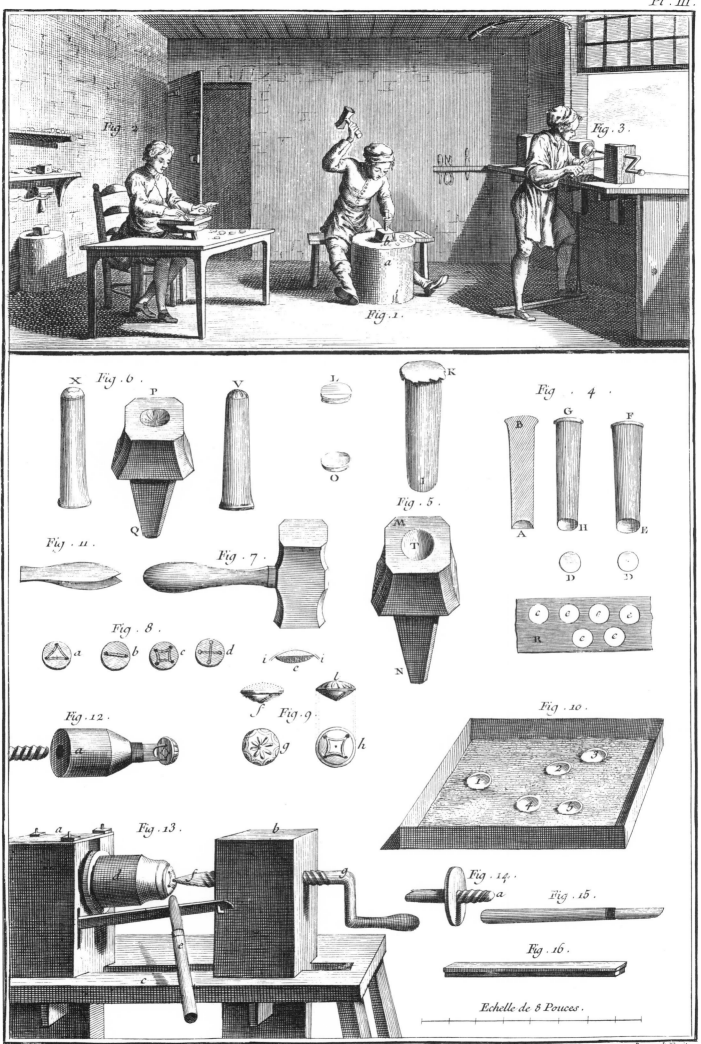

Pl. III.

Boutonnier, en Métal.

Pl. IV.

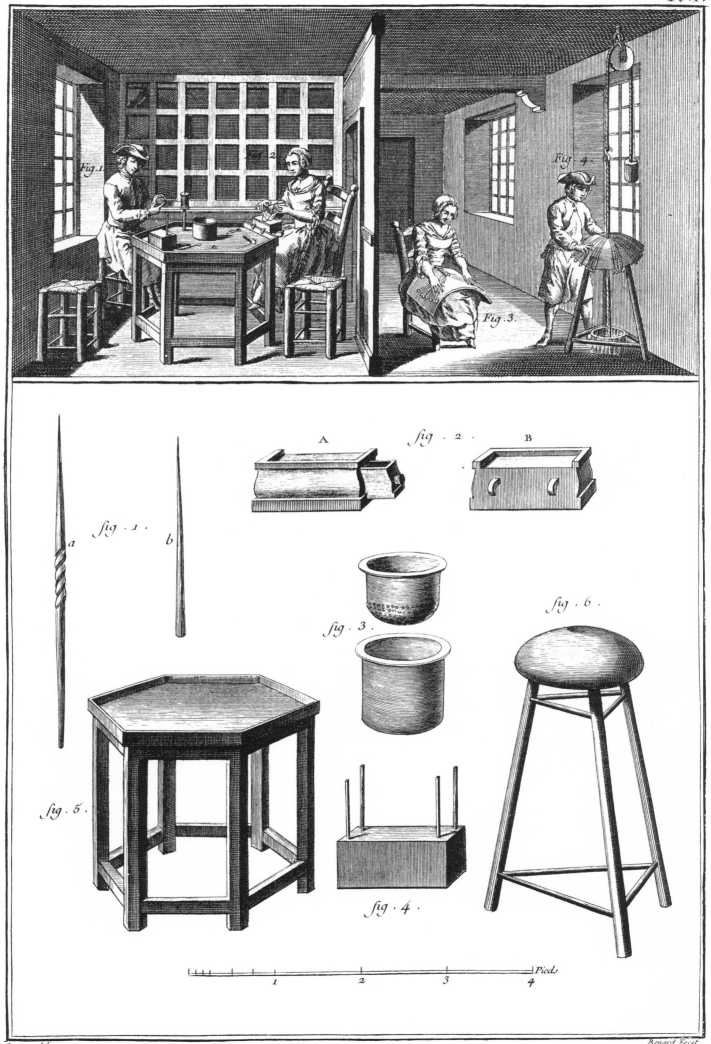

Goussier del.

Benard Fecit.

Boutonnier Passementier,

Pl. V

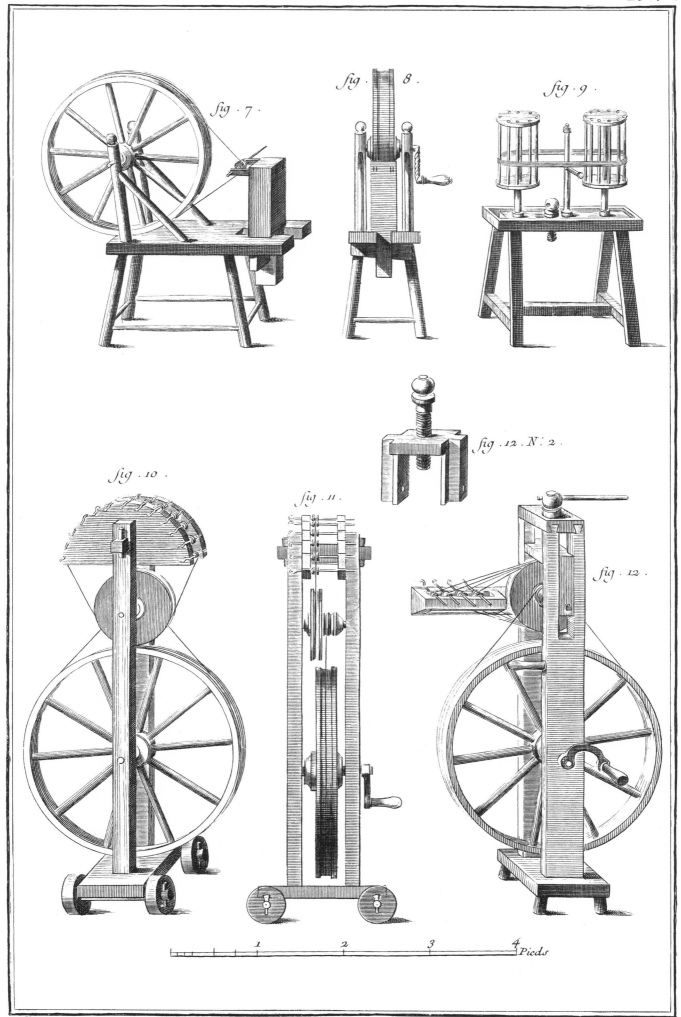

fig. 7.

fig. 8.

fig. 9.

fig. 12. N: 2

fig. 10.

fig. 11.

fig. 12.

1 2 3 4 Pieds

Goussier Del.

Benard Fecit.

Boutonnier Passementier.

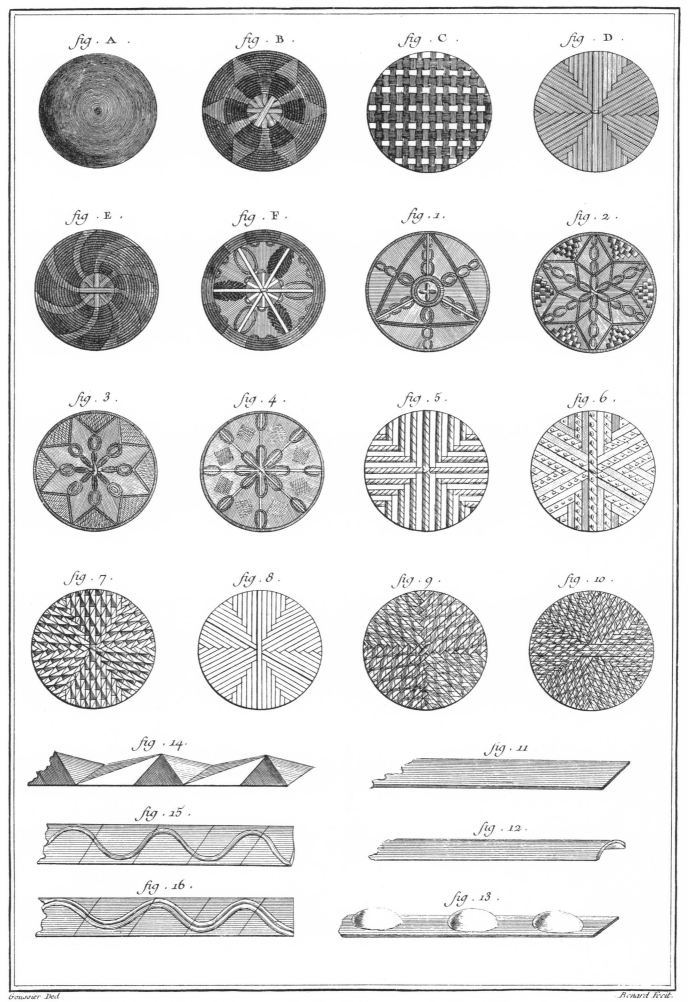

Pl. VI.

fig. A.   fig. B.   fig. C.   fig. D.

fig. E.   fig. F.   fig. 1.   fig. 2.

fig. 3.   fig. 4.   fig. 5.   fig. 6.

fig. 7.   fig. 8.   fig. 9.   fig. 10.

fig. 14.   fig. 11.

fig. 15.   fig. 12.

fig. 16.   fig. 13.

Boutonnier Passementier.

BRODEUR,

CONTENANT DEUX PLANCHES.

PLANCHE Iere.

LA vignette repréfente un attelier de brodeur.

Fig. 1. Tient un métier tout tendu. Ce métier eft compofé de deux enfuples *a a*, & de deux lattes *b b*; on voit en *c* l'étoffe fur laquelle on a tracé le deffein d'une vefte pour être brodée.

Avant de tendre l'étoffe fur le métier, il faut la border tout-autour d'un gallon de toile bien coufu. C'eft ce gallon que l'on coud enfuite aux lifieres des enfuples, & dans lequel paffent les ficelles qui font le tour des lattes, afin de ne point gâter l'étoffe.

2. Repréfente une femme occupée à broder; fon métier eft pofé horifontalement en *a* fur un treteau, & en *b*, fur une plate-bande de bois regnante dans toute l'étendue des croifées, pour recevoir autant de métiers qu'il feroit néceffaire.

La main droite de l'ouvriere eft pofée fur l'étoffe pour recevoir l'aiguille que la main gauche qui eft deffous, va lui paffer.

Quand l'ouvriere ne peut pas atteindre à la partie qu'elle veut broder, elle roule fon étoffe fur l'une des enfuples.

Bas de la Planche.

3. Repréfente les deux enfuples d'un métier. Chaque enfuple eft un morceau de bois rond depuis *a* jufqu'en *b*, & garni dans toute cette étendue d'une lifiere de toile *c*, qu'on nomme *gallon de l'enfuple*. Chaque extrémité *d* de l'enfuple eft quarrée, & fe nomme *tête de l'enfuple*. La tête eft fendue par deux mortoifes *e f*, qui s'entrecoupent à angles droits. C'eft dans ces mortoifes qu'on introduit des lattes, lorfqu'on veut tendre un métier, comme on voit *b b*, *fig*. 1. de la vignette. La longueur des enfuples n'eft point déterminée; on en fait depuis deux piés jufqu'à fix piés de long, & plus s'il étoit néceffaire.

4. Une des lattes propres à tendre le métier; elle fert à écarter l'une de l'autre les deux enfuples, par le moyen de deux chevilles de fer qu'on introduit dans les trous *a b*, dont elle eft percée. On voit ces chevilles dans le métier tout tendu de la *fig*.1. de la vignette, en *d d d d*.

5. Cheville de fer pour tendre.

6. Aiguille de fer de la longueur de quatre pouces, pour tendre; elle fert à paffer la ficelle dans le gallon dont on a brodé l'étoffe. *Voyez e e, fig*. 1. de la vignette *a*, eft une pelotte de ficelle.

7. Broche. C'eft un morceau de buis tourné depuis *a* jufqu'en *b*, en forme de bobine. On dévide dans cet efpace autant de fil d'or, d'argent ou clinquant qu'il en peut contenir. La tête de cette broche eft fendue en *c*, pour recevoir le bout du fil qu'on a dévidé fur la broche; on s'en fert pour guiper.

8. Dé de brodeufe. Le cul de ce dé eft plat, poli & non piqué, comme le font ordinairement les dés à coudre, afin de ne point écorcher la broderie en frappant deffus pour en applatir les fils.

9. Bobine fervant à mettre le fil d'or ou d'argent qu'on emploie par aiguillée.

10. Pâté à frifure. Morceau de chapeau taillé en rond, fur lequel on met la frifure coupée par petits bouts.

11. *a*, un bout de frifure filé, prêt à être employé.

12. La ligne *a b* repréfente l'épaiffeur de l'étoffe. *c c*, deux points de frifure déjà coufus.

13. Paillettes de différentes formes & de grandeur naturelle.

a, *b*, paillettes rondes, grandes & moyennes.

c, paillette ovale.

d, paillette en cœur.

Les trous dont elles font percées, font pour la facilité de les coudre avec des points de frifure ou de

17. Brodeur.

bouillon; ce qui peut faire l'effet qu'on voit en *e* ou en *f*.

14. *a*, *b*, *c*, *d*, *e*, *f*, petites paillettes; elles ne font percées que d'un trou. On nomme *femence* celle de la plus petite efpece, comme *f*.

g, paillettes coufues les unes fur les autres. Cette façon de les coudre fait qu'on les nomme *paillettes comptées*.

h, pâte de paillettes.

15 & 16. Deux différens modeles de deffeins, comme les maitres les tracent, pour indiquer à leurs ouvrieres ce qu'elles doivent exécuter en paffé, frifure, paillettes, paillettes comptées, clinquant, &c. *a a a a*, dans la *fig*. 15. fait voir ce qui doit être exécuté en paffé. *b b b b*, ce qui doit être en bouillon ou frifure. *c*, ce qui doit être exécuté en clinquant, *fig*. 15.

16. On voit dans cette figure en *a a a a* tout ce qui doit être exécuté en paillettes. *b b b b*, ce qui doit être en paffé. *c*, ce qui doit être en paillettes comptées.

PLANCHE II.

Fig. 1. Le tambour.

A, planche qui lui fert de fupport.

B, C, coffrets pour renfermer la foie, le fil d'or, d'argent & les aiguilles.

D, bobine chargée ou de foie, ou de fil d'or ou d'argent.

E, F, fupports de la bobine.

F, G, fupports du tambour.

H, cerceau extérieur à gouttiere ou rainure du tambour.

I, étoffe montée fur le cerceau extérieur.

K, ceinture de cuir placée dans la gouttiere ou rainure du cerceau extérieur H, & fervant avec fa boucle à tenir l'étoffe bien tendue fur ce cerceau.

L, fourchette. Il y en a une dans l'extrémité refendue de chaque fupport du cerceau. Ces fourchettes font mobiles fur elles-mêmes; elles reçoivent le cerceau intérieur, & fervent à l'incliner autant que le travail l'exige.

M, vis qui ferre la fourchette, & tient le tambour ferme dans l'inclinaifon qu'on lui a donnée. Il y a de chaque côté une pareille vis.

2. Cerceau extérieur & à gouttiere, fur lequel on arrête l'étoffe, avec la courroie ou ceinture.

3. Cerceau intérieur qu'on place dans la partie refendue des fourchettes, & qui reçoit fur lui le cerceau extérieur, *fig*. 2.

4. Aiguille montée fur fon manche.

5. Aiguille vûe en grand & de côté.

a, fon crochet.

6. La même aiguille vûe en grand & de face.

b, fon crochet.

7. Maniere dont le point de chaînette s'exécute.

a c, eft un plan qui repréfente ou figure le deffous de l'étoffe.

b d, eft un plan qui repréfente ou figure le deffus de l'étoffe.

1, 3, 8, 11, les trous faits par l'aiguille, lorfqu'elle va prendre le fil avec fon crochet en-deffous de l'étoffe, pour l'amener en-deffus en boucles 2, 4, 6, 9, 10, par les trous 2, 5, 7, 10; de maniere que ces boucles paffant, comme on voit, les unes dans les autres, elles s'arrêtent toutes & forment la chaîne.

8. Points exécutés en changeant de direction, vûs fur l'endroit de l'étoffe.

9. Les mêmes points, comme ils font à l'envers de l'étoffe.

10 & 11. Chainette féparée de l'étoffe, vûe par la face extérieure qu'elle montre à celui qui voit l'étoffe, & vûe par la face de deffous qui s'applique à l'étoffe.

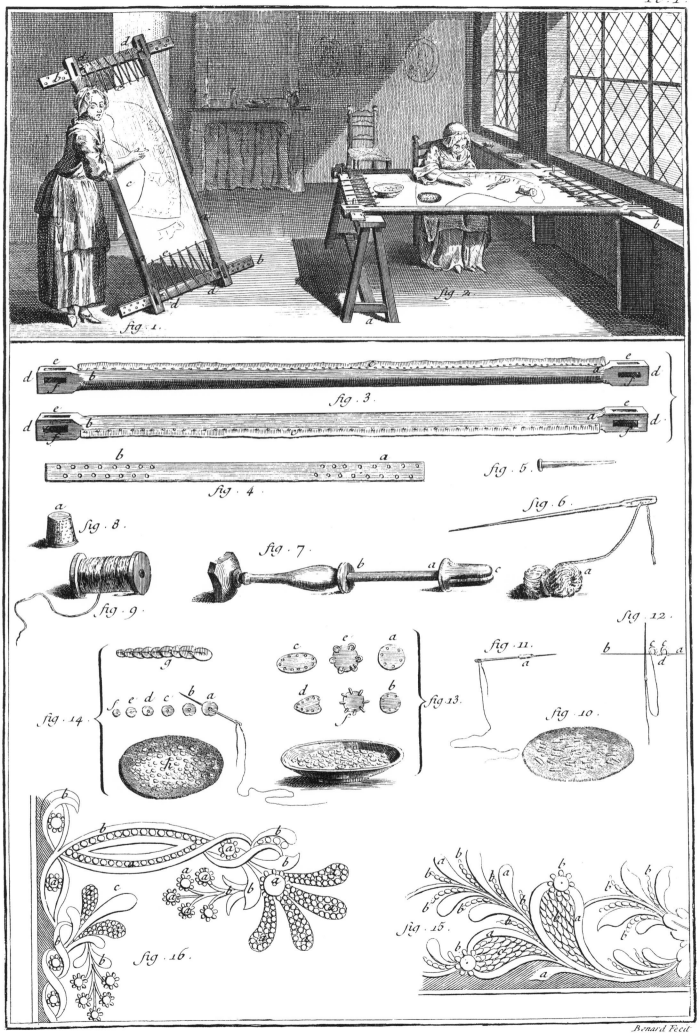

Pl. I.

Brodeur.

Benard Fecit

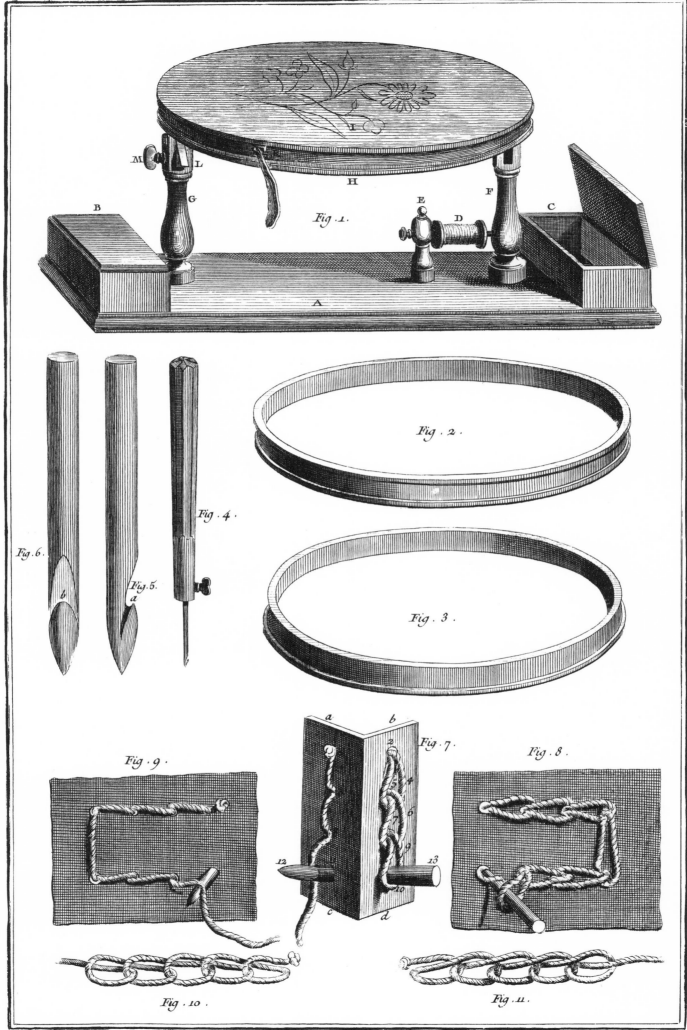

Pl. II.

Fig. 1.

Fig. 2.

Fig. 3.

Fig. 4.

Fig. 5.

Fig. 6.

Fig. 7.

Fig. 8.

Fig. 9.

Fig. 10.

Fig. 11.

Genneuier del.

Benard Fecit.

Brodeur

CHAPELIER,

CONTENANT TROIS PLANCHES.

PLANCHE Iere.

Attelier de l'arçonnage.

Fig. 1. OUVRIER qui arçonne.
W, claie d'osier.
HK, HK, dossiers.
A, la perche de l'arçon.
F, la coche.
G, étoffe exposée à la corde de l'arçon.

Attelier du bastissage.

2. Le bastissage. Table servant à cette manœuvre.
A B, le bassin.
Voyez à l'article chapeau, & à la fin de la Planche II. de chapellerie, le détail des opérations & des formes que prennent les capades, jusqu'à ce qu'on les appelle *un chapeau basti au bassin.*

Attelier de la foulerie.

3. 4. & 5. La figure 3. montre l'attelier de la foule ;
La figure 4. la moitié du plan de la foule ;
La figure 5. n. 1. une coupe de la foule selon sa longueur.
Détail des figures 3. 4. 5.
A, porte de l'étuve.
B, ventouses.
C, porte du fourneau.
E, dessous de la chaudiere.
F, F, F, grille ou chenets.
H, H, tuyau de la cheminée.
I, I, I, I, chaudiere de cuivre.
K, K, K, K, K, K, K, K, banc de foule, avec un ouvrier occupé à fouler.
L, le bareau. (On lit dans l'article *bureau*, c'est une faute d'impression.)
M, baquet à bourre.
N, N, N, N, N, N, boutons de fer ou de bois, destinés à arrêter les roulets.
O, écumoire.
P, balai.
1, 2, la tuile.
Voyez à l'article chapeau, & à la fin de la Planche II. de chapellerie, la suite des opérations & des formes que le chapeau basti au bassin prend à la foule, jusqu'à ce qu'on l'appelle *un chapeau basti à la foule, chapeau arrangé, torqué* ou *mis en coquille, poussé, dressé,* &c. *formé, choqué, abattu, piécé, uni, égoutté,* &c. *relevé, arrondi,* &c. & *prêt à entrer à l'étuve, & à subir les autres manœuvres qui le conduiront à la perfection.*
5. n. 2. *Fig.* relative à l'arçonnage.

PLANCHE II.

6. L'arçon.
A B, la perche.
B, bec de corbin.
C, rainure de la corde c C.
D, panneau.
C C, cuiret.
a, a, tarauts.
b, chanterelle.
O, poignée.
7. Le clayon.

8. La carte.
9. Feutriere.
10. La coche.
11. Le roulet.
12. La manicle ou femelle.
D, le doigtier.
13. L'avaloire.
14. La forme.
15. Quart à chapeau.
16. Mesure.
17. Carrelet.
18. Piece de cuivre.
19. Le choc.
20. Couteau à repasser.
21. Couteau à couper le poil.
22. Frotoir ou peloton.
23. Capade.
a, b, des aîles de la capade.
c, la tête.
d, l'arrête.
A B C D, le lien.
a b c d A B C D, le clair.
24. n. 1. Maniere de former les croisées, de marcher sur l'arrête, de marcher sur la tête, & en un mot de suivre les croisées, & de faire passer les capades à l'état de chapeau basti au bassin.
24. n. 2. Capades avant que de décroiser.
Fautes d'impression à corriger. Pag. 166. premiere col. ligne 2. *alinea, fig.* 22. lisez *fig.* 24. *n.* 1.
Même pag. lig. premiere, 2. col. *fig.* 23. lisez *fig.* 24. *n.* 1.
Même pag. même col. lig. 9. *fig.* 24. lisez *fig.* 24. *n.* 1.
Même pag. & même col. au bas, *fig.* 24. lisez *fig.* 25.
Pag. 167. premiere col. lig. 2. *fig.* 16. lisez *fig.* 26.
24. n. 2. 25, 26, 27, 28, 29, 30, 31, 32, suite des croisées à la foule, qui conduisent le chapeau de l'état de basti au bassin, à l'état de basti à la foule.

PLANCHE III.

Attelier de la teinture.

Fig. 1. Au bas de la Planche, foule de dégorgeage.
1, 2, 3, 4, les poteaux ou billots.
5, entrée du dessous de la chaudiere.
6, 7, bancs.
8, cheminée.
2. Au bas de la Planche, chaudiere à teindre.
a, b, billots.

Attelier de l'apprêteur.

Au-dessus de l'attelier de la teinture on voit, *fig.* 3, 4, 5, 6, 7, l'attelier de l'apprêteur.
3, 3. Les bassins, espece de fourneaux.
4. 5. Blocs.
6. Brosse.
7. Table.
8. Au-dessus de l'attelier de l'apprêteur, fer à repasser.
9. Fourneau à chauffer les fers.
10. Pince à éjarrer.
32. n. 2. Plumet.
Voyez à l'article *chapeau* le détail de l'art & l'usage des atteliers & des instrumens représentés dans ces Pl.

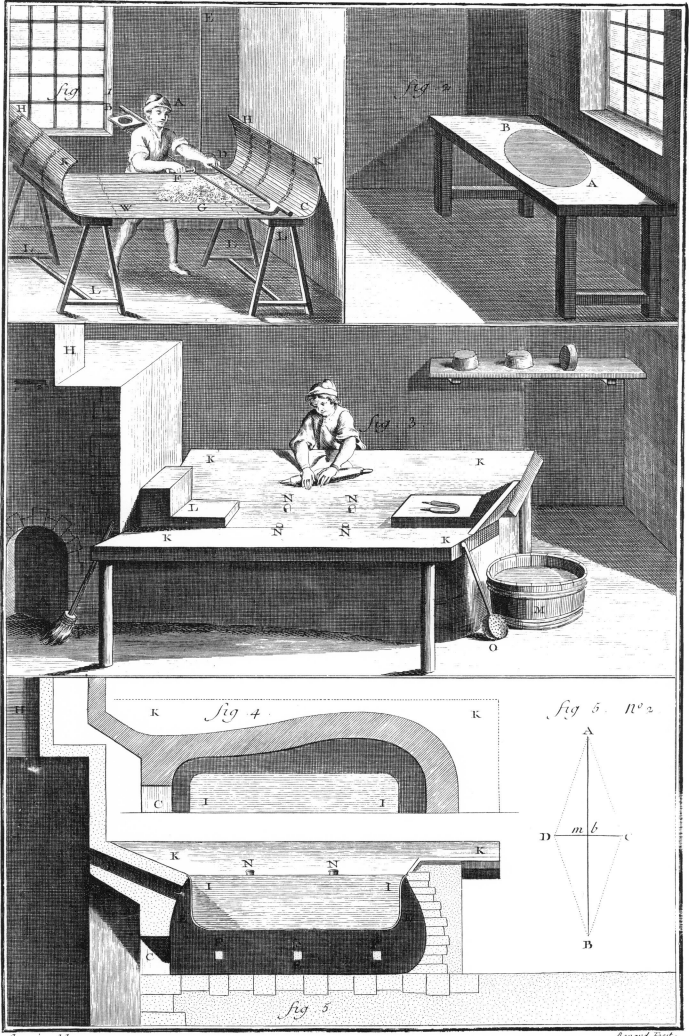

Pl. 1

Chapelier.

Pl. II.

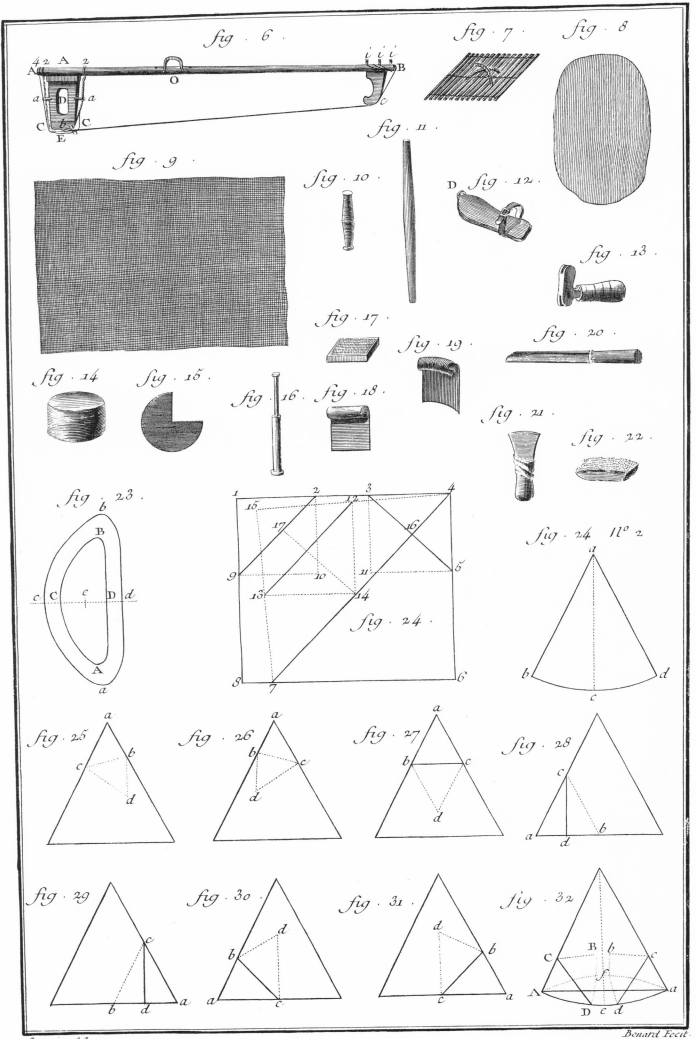

fig. 6. fig. 7. fig. 8.

fig. 11.

fig. 9. fig. 10. fig. 12.

fig. 13.

fig. 17. fig. 19. fig. 20.

fig. 14. fig. 15. fig. 16. fig. 18. fig. 21. fig. 22.

fig. 23. fig. 24. n° 2.

fig. 24.

fig. 25. fig. 26. fig. 27. fig. 28.

fig. 29. fig. 30. fig. 31. fig. 32.

Goussier del. Benard Fecit.

Chapelier

Pl. 111

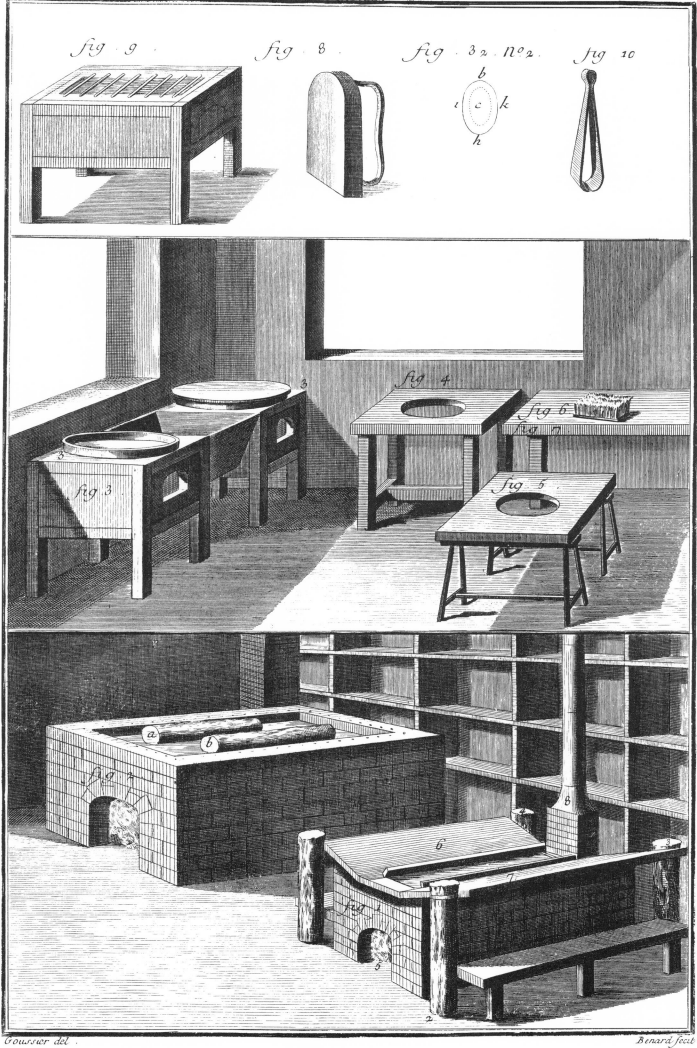

fig. 9.   fig. 8.   fig. 32. N°.2.   fig. 10.

fig. 4.   fig. 6.

fig. 3.   fig. 5.

Goussier del.

Benard fecit.

Chapelier.

COUTURIERE,

CONTENANT une Planche.

A , femme en robe , vue par-devant. B , femme en robe , vue par derriere. C , servante en juste , vue de côté.

Fig. 1. Coupe du derriere d'une robe de femme.

2. Coupe du devant.

3. Derriere plissé.

4. Devant plissé.

5. Manchettes.

6. Manches.

7. Manteau de lit coupé.

8. Le même , vu par dehors.

9. Le même , vu par devant.

10. Devant de manteau de lit avec ses plis.

11. Manteau de lit monté avec les manches en pagode.

12. Devant d'un juste.

13. Derriere d'un juste.

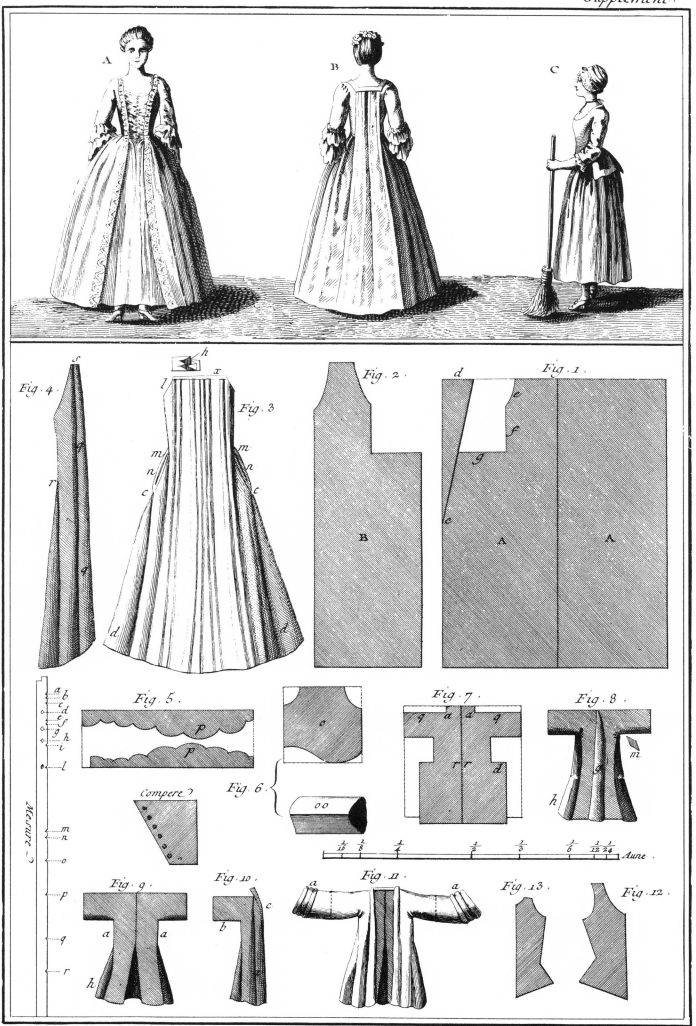

Couturiere.

DECOUPEUR ET GAUFREUR D'ETOFFES,

CONTENANT TROIS PLANCHES.

PLANCHE Iere.

LA vignette repréfente l'intérieur d'une chambre.

Fig. 1. Ouvriere qui découpe une bande d'étoffe, & y forme une campanne. L'étoffe eft pofée fur un gâteau de plomb entre plufieurs doubles de papier.

2. Preffe en taille-douce difpofée, comme il convient, pour gaufrer le carton.

Bas de la Planche.

Fig. 1. Gâteau de plomb, dont fe fert l'ouvriere, *fig.* 1. de la vignette.

1 n. 2. Le marteau.

2. A B, bordures de jupons & manchettes.

3. Cifeau pour denteler un ruban.

4. Cifeau pour denteler des falbalas.

5. Fer à piquer.

6. Autre fer à piquer ou emporte-piece.

7.
8. } Différens fers pour remplir en mofaïque les vui-
9. } des que laiffent différens deffeins.
10.

11. Egratignoir pour le fatin.

12. A, B, C, D, E, F, G, différens fers à découper, ou emporte-piece.

13. *a, b, c, d, e, f, g,* épreuves des fers ci-deffus notés par les mêmes lettres.

14. Fer à gaufrer.

PLANCHE II.

La vignette repréfente l'intérieur d'une fabrique.

Fig. 1. Machine à gaufrer, vûe en perfpective.

C, le cylindre gravé.

G, l'étoffe qui doit paffer entre les deux cylindres.

K, la roue menée par une lanterne, qui communique le mouvement au cylindre inférieur B.

N, la manivelle, à l'extrémité de laquelle eft un volant que l'on fait tourner fuivant l'ordre des lettres R S T.

2. Preffe pour gaufrer des morceaux d'étoffes, comme veftes de velours, &c. en les mettant avec des planches d'étain entre des feuilles de carton. On met des plaques de fer fondu & chaudes au-deffus & au-deffous du paquet de carton qui renferme l'étoffe que l'on veut gaufrer.

Bas de la Planche.

3. Elévation de toute la machine à gaufrer, vûe par-devant.

A A, A A, les patins de la machine.

A A, A; A A, A, deux des quatre montans qui compofent la cage de la machine. A, A, le fommier ou écrou.

B, le cylindre de bois, *fig.* 5.

C, le cylindre de fonte qui eft cifelé; ce cylindre eft creux.

D, traverfe mobile.

E, E, taffeaux ou couffinets, *fig.* 1. vignette.

G, l'étoffe à gaufrer, *fig.* 1. vignette.

H, bâtons dans lefquels l'étoffe eft enlacée, *fig.* 1. vig.

K, la roue dentée, fixée fur l'axe du cylindre inférieur, *fig.* 1. vignette.

M, lanterne qui conduit la roue dentée, *fig.* 5.

N, la manivelle. Cette partie eft arrondie, *fig.* 5.

P, fupport de la manivelle & du volant, *fig.* 5.

R, S, T, le volant, *fig.* 1. & 5.

4. Elévation perfpective du cylindre de fonte qui eft cifelé.

L, une des barres de fer que l'on fait rougir, & que l'on place enfuite dans le cylindre.

I, crochet qui fert à tranfporter les barres.

5. Elévation perfpective du cylindre inférieur qui eft de bois. On diftingue fur l'arbre la partie à laquelle s'applique la roue K.

PLANCHE III.

Nouvelle machine à gaufrer les étoffes.

La vignette repréfente l'intérieur d'une gallerie dans laquelle la machine eft placée.

Fig. 1. La machine en perfpective, avec toutes fes dépendances.

A A, les jumelles fixées fur des patins, & maintenues en fituation par quatre jambes.

B, cylindre de bois, fur lequel pofe l'envers de l'étoffe.

C, cylindre gravé.

f, vis pour comprimer les cylindres.

K, roue dont l'axe communique le mouvement à celui du cylindre fupérieur de fonte.

p, pié de la petite roue & du volant.

r s t, petite roue qui communique à une corde fans fin.

2. Elévation d'une table & d'un porte-rouleau, fur lequel on enroule la piece d'étoffe avant de la préfenter entre les cylindres de la machine.

Bas de la Planche.

3. Elévation géométrale de la machine du côté par lequel entre l'étoffe.

4. Elévation latérale de la machine.

5. Barre terminée par des boîtes, pour recevoir dans l'une le quarré de l'axe du cylindre gravé, dans l'autre le quarré de la roue.

C, le cylindre gravé, en perfpective.

6. Développement en grand de la ferrure d'une des jumelles fur une échelle double.

7. Un des couffinets de l'arbre du rouleau de bois.

E, un des couffinets de l'axe du cylindre gravé.

8. Profil du cylindre gravé, où l'on voit entre les croifillons les places où l'on met les barres de fer rougies au feu.

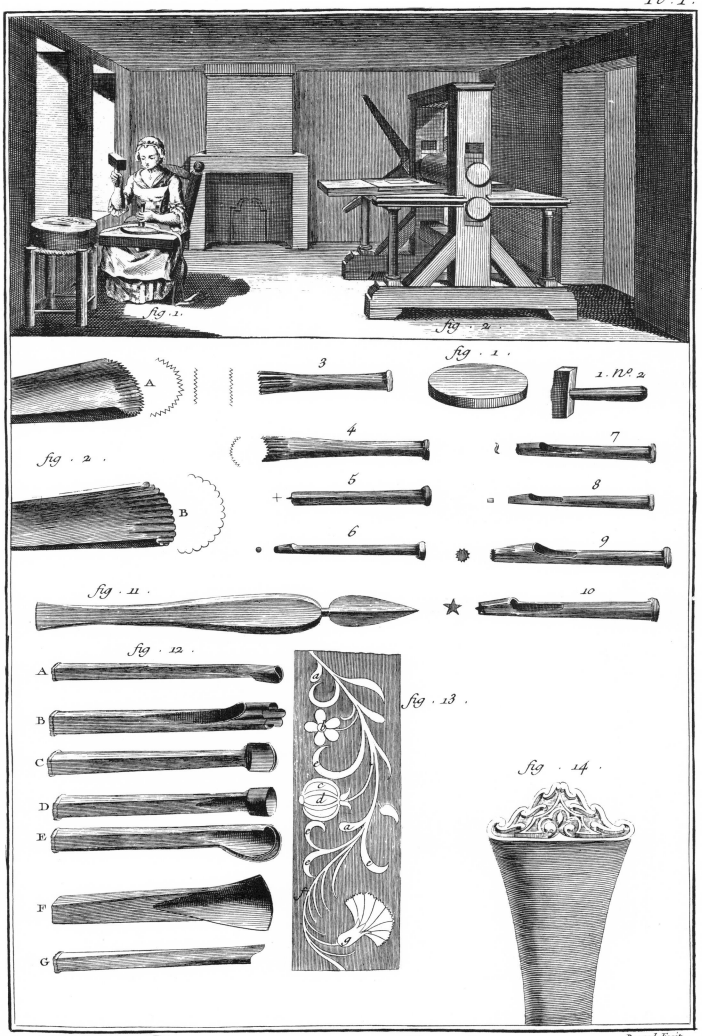

Pl. I.

Goussier del   Benard Fecit

Découpeur et Gaufreur.

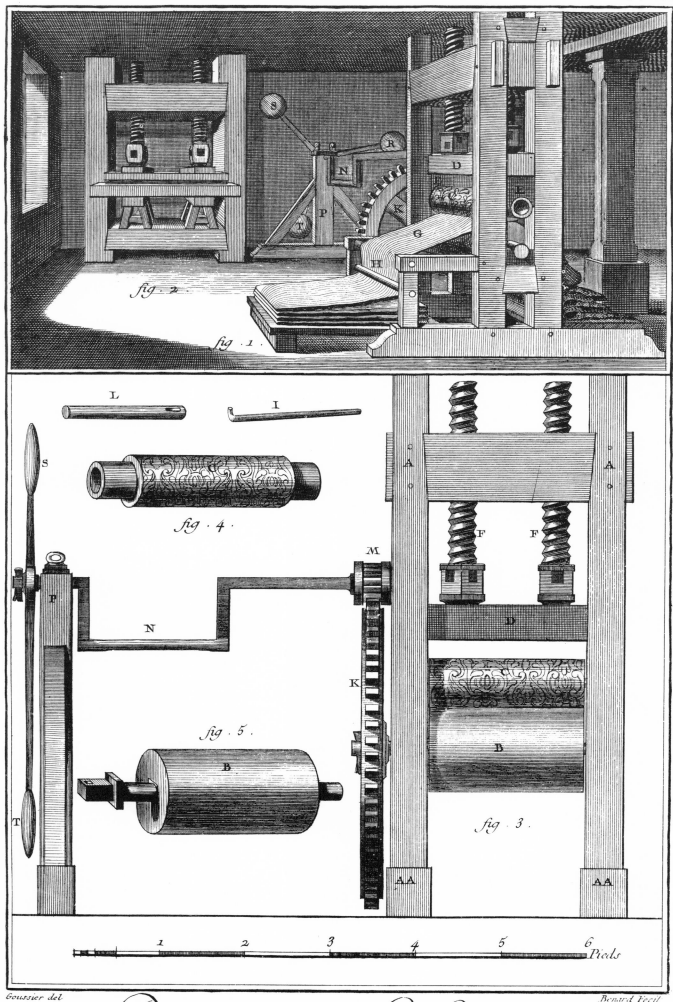

Pl. II.

fig. 2.

fig. 1.

fig. 4.

fig. 5.

fig. 3.

Piecls

Goussier del.

Benard Fecit.

Découpeur et Gaufreur.

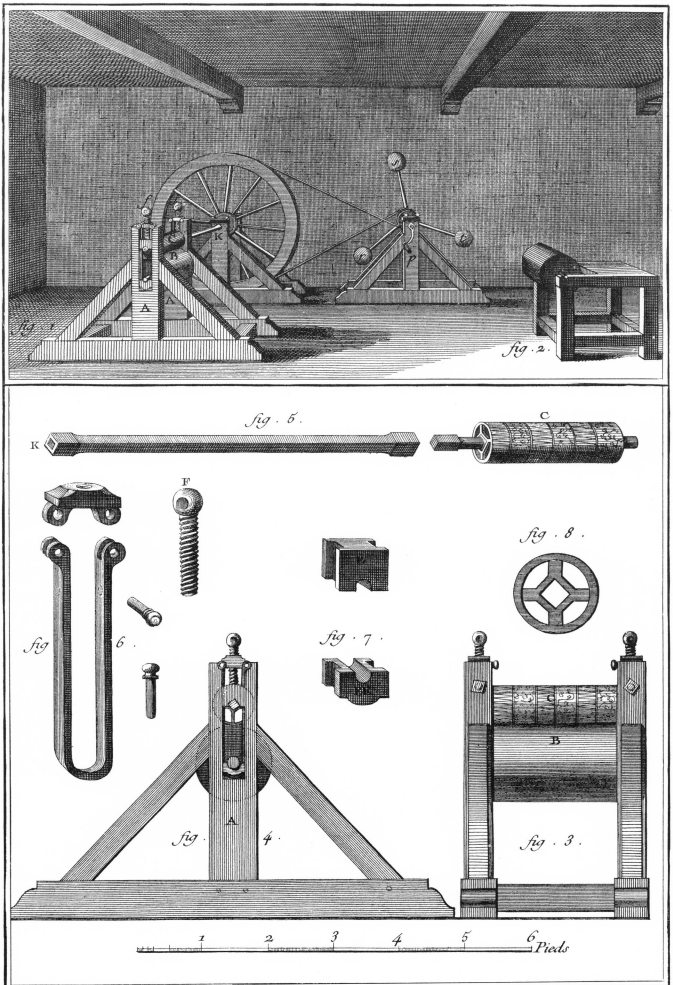

Pl. III.

fig. 1

fig. 2

fig. 5.

K

C

F

fig. 8.

fig 6.

fig. 7.

fig. 4.

A

B

fig. 3.

1   2   3   4   5   6 *Pieds*

Goussier del.

Benard Fecit.

Découpeur et Gaufreur.

DENTELLE ET FAÇON DU POINT.

CONTENANT TROIS PLANCHES.

PLANCHE Iere.

LA vignette repréfente une chambre dans laquelle font deux ouvrieres occupées à travailler la dentelle.

Fig. 1. Ouvriere qui façonne la dentelle ; les couffins ou métiers appuyent d'un bout fur une fellette à trois piés.

2. Ouvriere qui pique une dentelle fur un morceau de vélin verd étendu fur le couffin, afin d'avoir un deffein pour en faire une femblable.

Bas de la Planche.

3. Un fufeau dégarni. A B, la poignée. B C, la caffe. C D, la tête.

4. Autre fufeau garni de fil & l'épingle à laquelle on l'attache par une boucle 3, 4, 5, qui étant ferrée, doit embraffer les tours inférieurs du fil, afin que le fufeau demeure fufpendu.

5. Couffin proprement dit, ou couffinet de forme cylindrique, compofé d'un noyau de bois revêtu d'un grand nombre de pieces de drap & de ferge, dont la derniere eft de couleur verte. C'eft dans les épaiffeurs de ces étoffes que l'on fait entrer les épingles ; le noyau de bois eft percé à fon centre d'un trou rond A, qui eft enfilé par une broche de bois B A C, qui traverfe les deux côtés du coffre de la figure 6.

6. Couffin ou métier dégarni de fon cylindre. D, un des trous dans lefquels paffe l'arbre du cylindre. E, cloifon du côté de l'ouvriere ; derriere cette cloifon eft un tiroir. F, trape qui fert à fermer la cave dans laquelle tombe la dentelle à mefure qu'elle eft fabriquée & qu'elle fe déroule de deffus le cylindre. G, porte à couliffe qui ferme la cave du côté oppofé à l'ouvriere. Cette piece qui eft à languettes, & fe meut dans les rainures pratiquées aux planches du coffre qui eft deffous le couffin, a en G une entaille par le moyen de laquelle on la tire dehors.

7. Couffin ou métier tout monté, vû du côté qui eft à droite de l'ouvriere. F, la trape qui eft fermée. On voit le cylindre ou couffin en place, couvert du côté de F par la dentelle entierement achevée, & du côté oppofé, par la bande de vélin piqué, dont on a parlé ci-deffus. On voit auffi les épingles plantées perpendiculairement dans le cylindre. K L, M N, fufeaux féparés en différens tas par les épingles à groffe tête, *fig.* 9. H, le tiroir. G, la porte de la cave. 1, 2, 3, 4, fufeaux en place pour travailler.

8. Un caffeau de corne ou de rofeau, dont on fe fert pour entourer le fil qui eft fur le fufeau.

9. Groffes épingles à têtes de diamans ou de cire d'Efpagne, dont on fe fert pour retenir les fufeaux, en les piquant dans le métier ou couffin qui entoure le cylindre ; le métier eft auffi couvert de drap vert.

PLANCHE II.

Façon du point.

Fig. 1. Situation des quatre fils, avant de commencer le point. Les bouts A, B, C, D font fuppofés aboutir à des fufeaux, *fig.* 4. Pl. I. & les extrémités d'en-haut, *a, b, c, d* font fuppofés tenir ou à des épingles, ou au chef de la piece, ou à une portion d'ouvrage déjà fait.

Les lettres A, B, C, D défignent dans les figures fuivantes le même fil.

2. Premier tems de la formation du point, qui confifte en deux tors de chaque paire de fufeaux A B, C D, l'un fur l'autre ; ce qui ramene les fils ou fufeaux dans la pofition de la *fig.* 1.

3. Second tems de la formation du point, ou premiers encroix.

4. Troifieme tems de la formation du point, ou feconds encroix.

5. Quatrieme tems de la formation du point, ou troifiemes encroix.

6. Cinquieme tems de la formation du point, ou clôture du point.

A la clôture du point, on place une épingle à l'angle. D *x* B, en pouffant la pointe de l'épingle obliquement vers le fommet *x*, afin de refferrer les fils les uns contre les autres.

On obfervera que dans tous ces différens tems on fépare toujours les paires de fufeaux, de maniere qu'on en ait deux vers la droite, & deux vers la gauche.

Il n'y a nulle diverfité dans les différentes fortes de dentelles ; les points en font tous affujettis à cette manœuvre ; ils prennent différens noms d'Alençon, d'Angleterre, *&c.* non de la maniere différente de les former, mais de la diverfe combinaifon qu'on en fait, l'enlacement fur chaque épingle étant toujours le même. C'eft par cette raifon qu'on s'eft contenté de donner quelques exemples de points ; les combinaifons variées à l'infini, n'auroient rien appris de plus.

PLANCHE III.

Fig. 1. Plan du patron piqué pour former le point d'Angleterre, compofé d'exagones égaux & réguliers.

2. Le point d'Angleterre formé & vû en grand fur une échelle double de la figure précédente.

3. Plan du patron piqué & dit *à quatre trous.*

4. Le point à quatre trous formé & vû en grand fur une échelle double de la figure précédente.

5. Plan du patron piqué pour former le point quarré.

6. Deffein d'une dentelle avec toilis. Les parties hachées qu'on voit colorées en vert fur les patrons des ouvrieres, font piquées pour être remplies par des points de toutes fortes d'efpeces ; & les parties réfervées blanches formeront le toilis ou les fleurs de la dentelle.

Voyez l'article *Dentelle.*

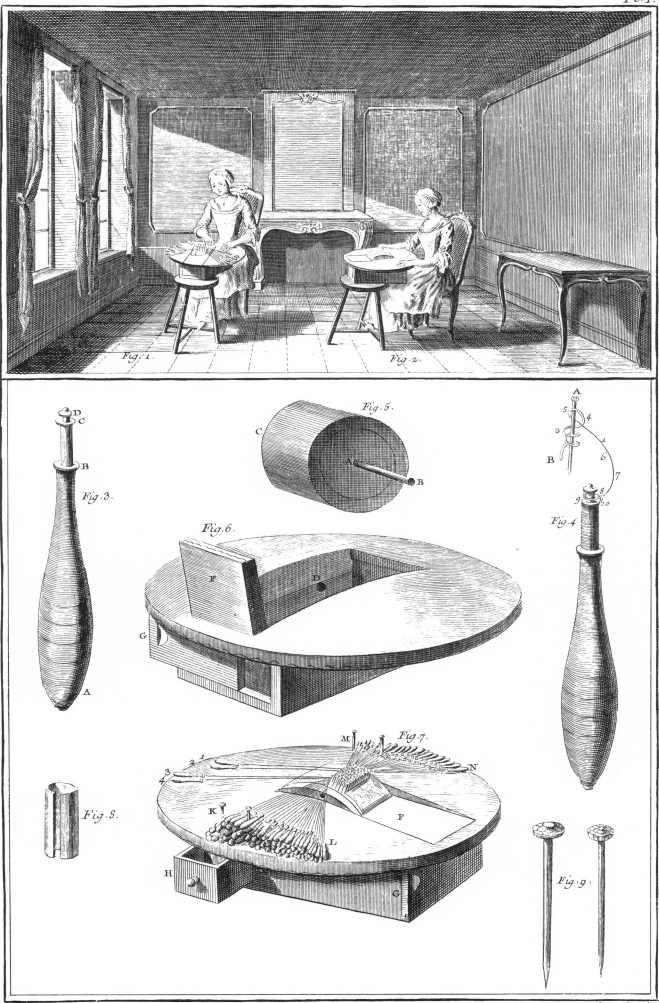

Pl. I.

Fig. 1.

Fig. 2.

Fig. 3.

Fig. 4.

Fig. 5.

Fig. 6.

Fig. 7.

Fig. 8.

Fig. 9.

Goussier delineavit.

Benard Fecit.

Dentelle.

Pl. II.

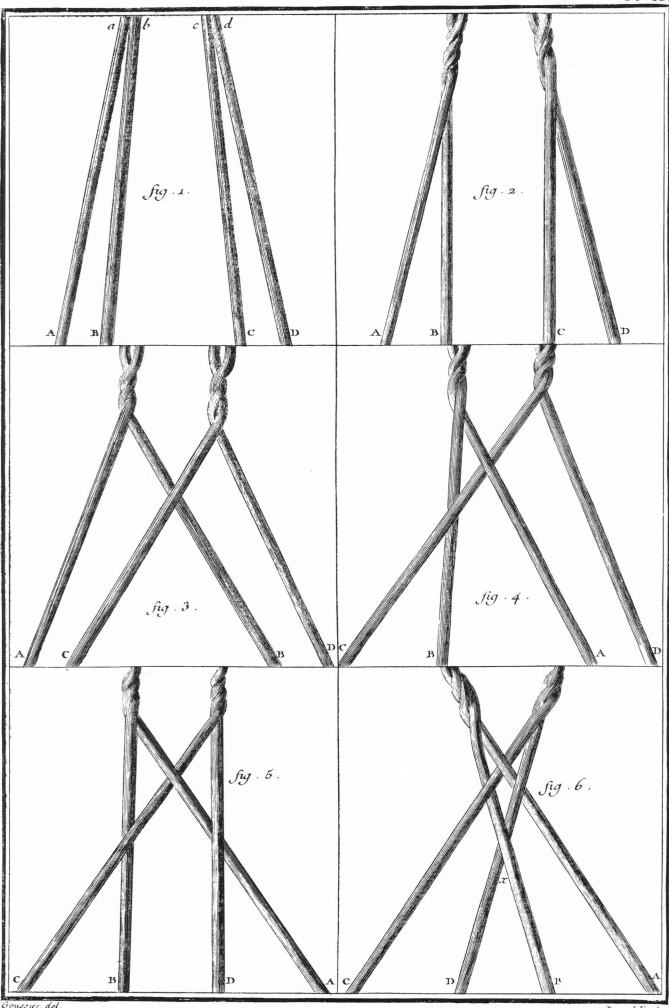

Dentelle.

Pl. III.

fig. 1.

fig. 2.

fig. 3.

fig. 4.

fig. 5.

fig. 6.

Goussier del.

Benard Fecit.

Dentelle.

EVENTAILLISTE,

CONTENANT QUATRE PLANCHES.

PLANCHE Iere.

LA vignette repréſente l'intérieur de l'attelier où on colle & prépare les papiers d'évantails. Cet attelier eſt une grande ſalle à cheminée, pour pouvoir y établir la chaudiere dans laquelle on fait cuire la colle de rognures de peaux. Le plat-fond doit être garni d'un grand nombre de barres de bois, à ſept ou huit piés d'élévation au-deſſus du rez-de-chauſſée; & la face inférieure de ces barres eſt garnie de clous-à-crochet pour pouvoir y ſuſpendre les cercles ſur leſquels les papiers collés ſont étendus.

Fig. 1. Colleuſe, ouvriere qui colle le papier en l'imbibant de colle avec une éponge qu'elle trempe dans la terrine qui eſt devant elle. On applique les feuilles de papier ſerpente deux à deux, les côtés enduits de colle, l'un contre l'autre: *a*, pile de papier collé: *b*, terrine où eſt la colle: *c*, papier ſec, non encore employé, qui avec celui qui eſt en *a*, fait la quantité de douze douzaines ou une groſſe: *d*, pile de papier collé.

2. Leveuſe qui ſépare les unes des autres, les doubles feuilles collées, pour les étendre ſur les cercles afin de les faire ſécher: *e*, pile de papier doublé fournie par la colleuſe: *f*, feuille double étendue ſur un cercle: *g*, vaſe qui contient de l'eau: *h*, éponge qui ſert a la leveuſe pour mouiller les parties du papier d'éventail qui s'appliquent aux cercles.

3. Etendeuſe, ouvriere qui prend les cercles que la leveuſe lui fournit, & les accroche aux clous-à-crochet de l'étendoir.

4. Coupeuſe, ouvriere, qui après que les papiers ſont ſecs, prend les cercles les uns après les autres, & en détache les papiers qu'elle empile ſur une table: les cercles vuides ſont empilés par-terre, ainſi qu'il ſera dit plus bas.

5. Arrondiſſeuſe, ouvriere qui avec des ciſeaux rogne ou arrondit deux des angles du papier.

6. Pierre & maſſe, ſemblables à celles des Relieurs, avec leſquelles on liſſe ou bat les papiers.

Bas de la Planche.

Fig. 1. Développement en grand de quelques parties de l'étendoir.

A B, portion de la lambourde qui traverſe la ſalle: cette lambourde eſt entaillée pour recevoir les chevrons C D, *c d* garnis de clous-à-crochet auxquels on ſuſpend les cercles.

2. Petit cercle, de vingt-cinq pouces de large ſur quinze de haut.

3. Grand cercle, de vingt-ſix pouces de large ſur ſeize de haut.

4. Cercle ſur lequel la leveuſe (*fig.* 2, vign.) a étendu un papier doublé pour ſécher.

5. Plan de deux cercles garnis de papier, pour faire voir la maniere dont on les empile les uns ſur les autres, l'arc de l'un ſur le diametre de l'autre, ainſi alternativement.

6. Pile de cercles garnis, vûe en perſpective.

7. Sonde, regle de cuivre, arrondie par les deux bouts, & dont les vives-arrêtes ſont abattues; elle a treize ou quatorze pouces de longueur, & eſt de la groſſeur que la *figure* repréſente; on a fracturé le milieu, la place ne pouvant la contenir dans toute ſa longueur; la ſonde ſert dans cet attelier à reconnoître ſi le papier eſt ſuffiſamment collé.

PLANCHE II.

Peinture des feuilles d'éventails.

La vignette repréſente une ſalle, dans laquelle deux ouvriers peuvent travailler.

N. 6. Eventailliſte.

Fig. 1. Ouvriere occupée à peindre une feuille: elle tient de la main droite un pinceau, & de la gauche une coquille, dans laquelle eſt la couleur convenable; vis-à-vis d'elle eſt le verrier qui contient le modele: le verrier eſt ſoutenu par un pilier de bois à trois piés.

2. Table ſur laquelle eſt l'ais ſur lequel eſt étendu un papier prêt à recevoir la peinture; l'ais eſt ſoutenu dans une ſituation inclinée par un petit couſſin, d'un pouce & demi environ d'épaiſſeur.

Bas de la Planche.

Fig. 1. Planche ou ais, de quelque bois blanc (les autres bois teignent ou tachent le papier), ſur lequel on colle ſeulement par les bords le papier ſur lequel on doit peindre.

2. Ais ſur lequel un papier eſt appliqué. Pour attacher ce papier, on commence par le mouiller légérement avec une éponge imbibée d'eau claire; puis avec un pinceau trempé dans de l'eau gommée, on entoure toute la feuille d'un enduit de gomme, de trois ou quatre lignes de large; tournant enſuite la feuille, ſens-deſſus-deſſous, on applique fortement les bords contre la planche, tirant en tous ſens, & également, pour étendre & faire attacher le papier.

3. Deux pinceaux, de différentes groſſeurs.

4. Coquillier, boîte diviſée en caſſetins, dans leſquels on met les godets qui contiennent les différentes couleurs, ou les coquilles qui au défaut des godets, les contiennent.

5. Coquille à mettre les couleurs.

6. Godet de verre propre à recevoir les couleurs.

7. Verrier, boîte de bois, dont le devant eſt fermé par une glace ou un verre blanc: cette boîte ſert à conſerver la feuille qui ſert de modele ou d'original aux peintres qui en font des copies.

8. Profil du verrier, le chaſſis à verre étant ouvert & éloigné de la caiſſe.

9. Compas, tour ou calibre; c'eſt une bande de carton, avec laquelle on trace ſur le papier d'éventail, avant de peindre, les deux arcs de la gorge & du trou extérieur de l'éventail: *a*, le centre que l'on fixe avec un clou: *b* ou *c*, trous dans leſquels on introduit un crayon pour tracer le tour des grandes ou petites gorges: *d* ou *e*, trous où on introduit le même crayon pour tracer le petit ou grand tour de l'éventail.

Nota. Toutes les *figures* du bas de la *Planche*, & celles de la *Planche* ſuivante, ſont vûes du côté de l'ouvriere qui pratique les opérations qu'elles repréſentent.

PLANCHE III.

Monture des éventails.

Monter un éventail, c'eſt aſſembler la feuille avec le bois.

La vignette repréſente une ſalle où deux ouvrieres ſont occupées aux principales opérations de cet art: on y voit quelques armoires ſervant de magaſin.

Fig. 1. Ouvriere occupée à rayer une feuille avec le jetton.

2. Ouvriere occupée à ſonder.

Bas de la Planche.

Fig. 1. La feuille entierement achevée, telle qu'on la remet aux mouleuſes.

2. La forme : c'eſt une planche de bois de noyer, ſur laquelle on a gravé vingt rayons partant d'un même point : les traits ont environ une ligne de large ſur preſque autant de profondeur. Le fond du trait eſt un angle aigu. Tous les rayons doivent être également diſtans les uns des autres, & occupent pour le petit tour moins que le demi-cercle.

3. Forme pour le grand tour : les vingt rayons équidiſtans occupent le demi-cercle. Le centre de l'une & de l'autre forme eſt garni par une petite platine de cuivre percée d'un trou, pour que le centre ſoit mieux conſervé.

4. Relative à l'opération de chercher le centre de la feuille. Pour la monture, le centre n'eſt pas toujours le même que celui que le peintre a marqué avec le calibre, *fig.* 9. de la *Planche* précédente, parce qu'il eſt du devoir des monteuſes & de la perfection de l'ouvrage, de faire en ſorte que les têtes des figures ou autres principaux objets ne ſe rencontrent pas dans un pli ; pour cela, la monteuſe promene la feuille ſur la forme, l'endroit tourné du côté de la planche, juſqu'à ce que les têtes ou les autres objets à conſerver ne ſe rencontrent point ſur les traits de la forme, ni exactement ſur le milieu de l'eſpace qui les ſépare : en cet état elle aſſujettit la feuille avec un marbre ou autre corps peſant, pour ſe diſpoſer à la rayer.

5. Relative à l'opération de rayer la feuille, & à la *fig.* 1. de la vignette. Les choſes diſpoſées, ainſi qu'il a été dit ſur la *fig.* précédente, l'ouvriere affermiſſant encor la feuille de la main gauche, prend le jetton de la main droite, & le conduit le long des gravures de la forme, dans laquelle elle enfonce le papier qui par ce moyen ſe trouve rayé. *a*, marbre qui aſſujettit la feuille ſur la forme. *b b b*, partie de la feuille déjà rayée : *c*, partie de la feuille non encore rayée : *d*, jetton dans une rayure à-moitié achevée.

6. Jetton de cuivre ou d'argent, de la grandeur d'une piece de 24 ſols.

7. Autre jetton emmanché.

PLANCHE IV.

Fig. 8. Feuille entierement rayée, de laquelle on a coupé à-peu-près la gorge avec des ciſeaux.

9. Opération de pincer, qui conſiſte à plier le papier dans les traits de la rayure, la peinture de l'endroit en-dehors.

10. Opération de plier, qui conſiſte à ſubdiviſer en deux les eſpaces que les plis précédens laiſſent entr'eux.

11. Opération de ſonder : c'eſt introduire la ſonde, *fig.* 7. *Pl. I.* dans le milieu de la face à droite du pli ſaillant de la feuille, pour y introduire les brins du bois de l'éventail.

12. Eventail relevé, dont on va couper les côtés du dernier pli qui excedent.

13. Couper l'éventail par em-bas, *ou* couper la gorge.

14. Enfiler : c'eſt faire entrer les brins dans les vuides que la ſonde a préparés.

15. Couper l'éventail par en-haut ; c'eſt rogner l'excédent de la longueur des maîtres brins.

16. Border l'éventail avec une petite bande de papier, que l'on colle, moitié d'un côté & moitié de l'autre de la feuille.

17. Eventail entierement achevé.

On trouvera à *l'article* du TABLETIER, ce qui concerne la fabrique des bois d'éventails.

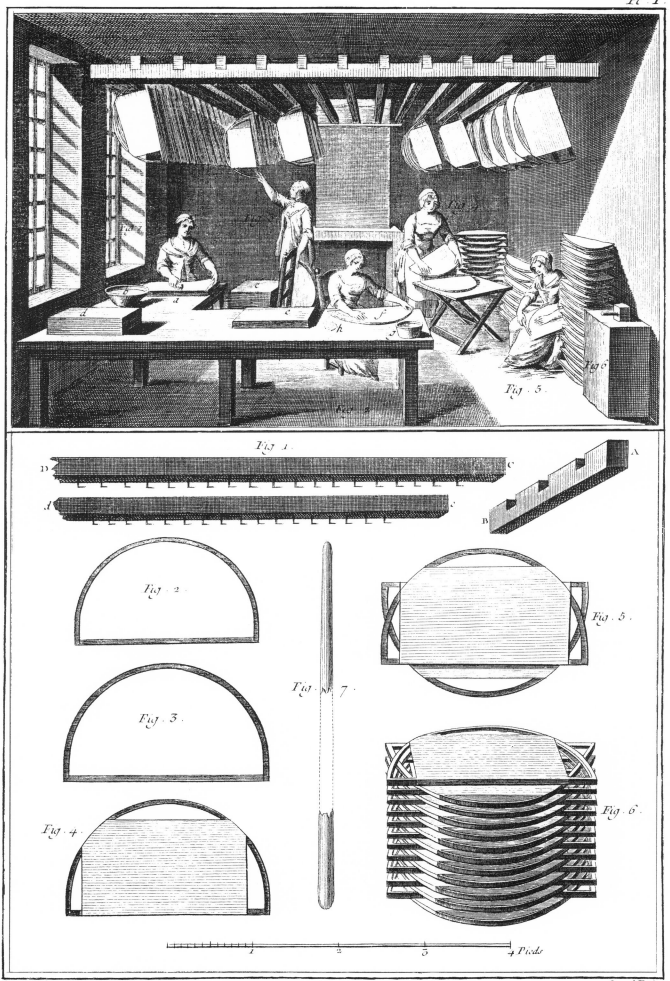

Pl. I.

Fig. 1

Fig. 2

Fig. 3

Fig. 4

Fig. 5

Fig. 6

Fig. 7

1   2   3   4 Pieds

Gousser Del.

Benard Fecit

Éventailliste, Colage et Préparation des Papiers.

Pl. 11.

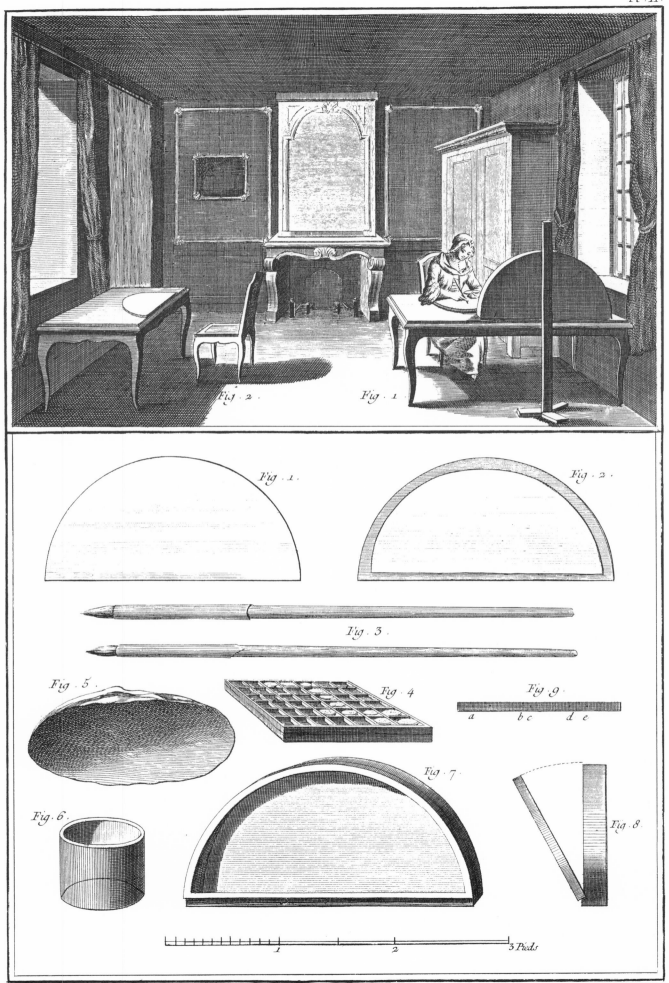

Fig. 2.   Fig. 1.

Fig. 1.   Fig. 2.

Fig. 3.

Fig. 5.   Fig. 4.   Fig. 9.

a   bc   d e

Fig. 7.

Fig. 6.   Fig. 8.

1   2   3 Pieds

Goussier Del.   Benard Fecit.

Éventailliste, Peinture des Feuilles.

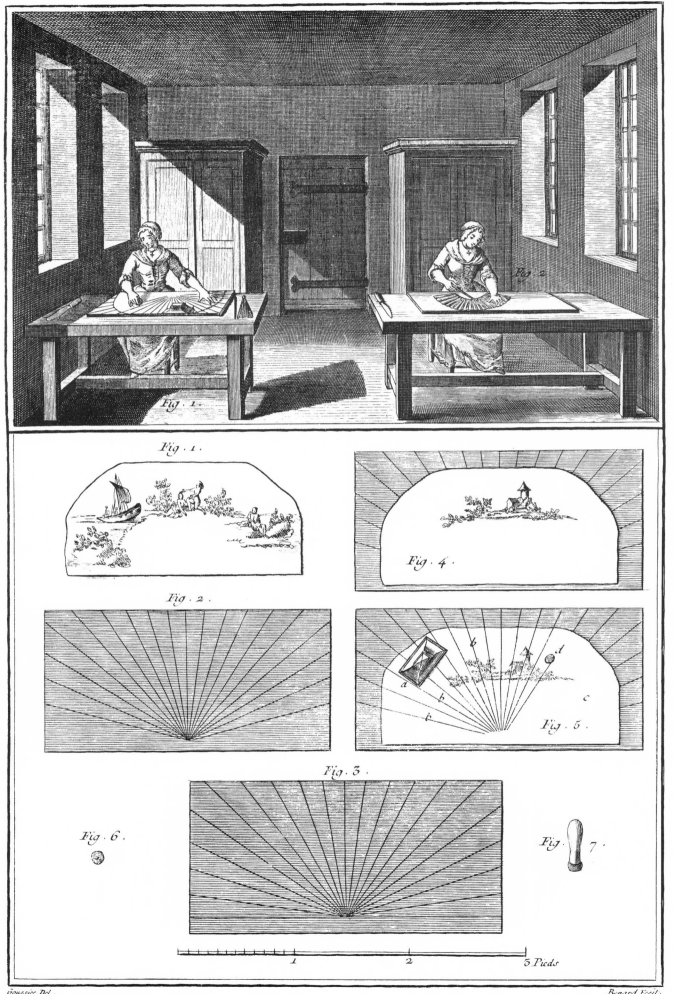

Fig . 1 .

Fig . 2 .

Fig . 1 .

Fig . 4 .

Fig . 2 .

Fig . 5 .

Fig . 3 .

Fig . 6 .

Fig . 7 .

1   2   3 Pieds

Goussier Del .

Benard Fecit .

Éventailliste, Monture des Éventails.

Pl. IV.

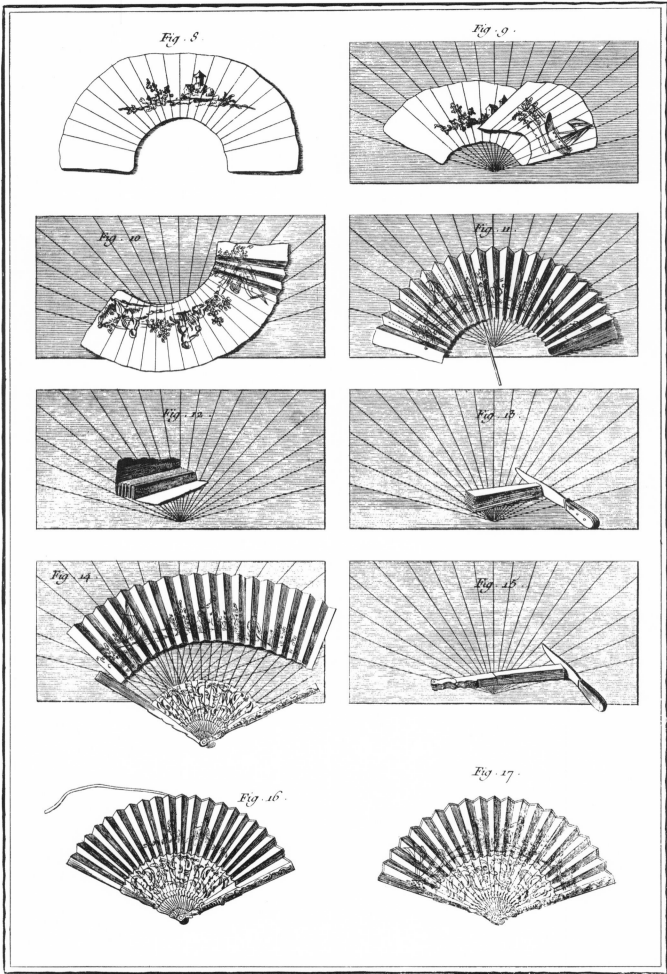

Fig. 8. Fig. 9. Fig. 10. Fig. 11. Fig. 12. Fig. 13. Fig. 14. Fig. 15. Fig. 16. Fig. 17.

Éventailliste, Monture des Éventails.

LINGERE,

CONTENANT quatre Planches.

PLANCHE Iere.

FIGURES 1. Le point de surjet.
2. Le point de côté.
3. Le point-arriere ou arriere-point.
4. Le point devant.
5. La couture rabattue.
6. Le point noué ou point de boutonniere.
7. Le point de chaînette.
8. Le point croisé.
9. Peignoir en pagode.
10. Bonnet piqué.
11. Coëffure de dentelle.
12. Coëffure à deux rangs ou à bavolet.
13. Grande coëffe en mousseline. A , coëffure en papillon sur une tête de carton.

PLANCHE II.

Fig. 14. Chemise de femme à la françoise.
15. Chemise de femme à l'angloise.
16. Autre à l'angloise.
17. Mantelet en mousseline.
18. Coqueluchon du mantelet.
19. Linge de sein.
20. Manches en amadis.

PLANCHE III.

Fig. 21. Coupe du beguin.
22. Beguin monté.
23. Têtiere.
24. Cornette pour la nuit.
25. Bonnet rond.
26. Lange piqué.
27. Petits bras.
28. Chemise de brassiere.
29. Coupe de la chemise de brassiere.
30. Tour-de-lange.
31. Bavoir.
32. Dedans de berceau ou dessus d'archet.
33. Chaussettes du premier âge.
34. Chemise du premier âge.
35. Chemise d'homme.
36. Poignet de chemise travaillé.
37. Col d'homme.

PLANCHE IV.

Fig. 38. Chaussons.
39. Tablier de valet-de-chambre.
40. Manchette de botte.
   Alphabet & chiffres pour la marque du linge.

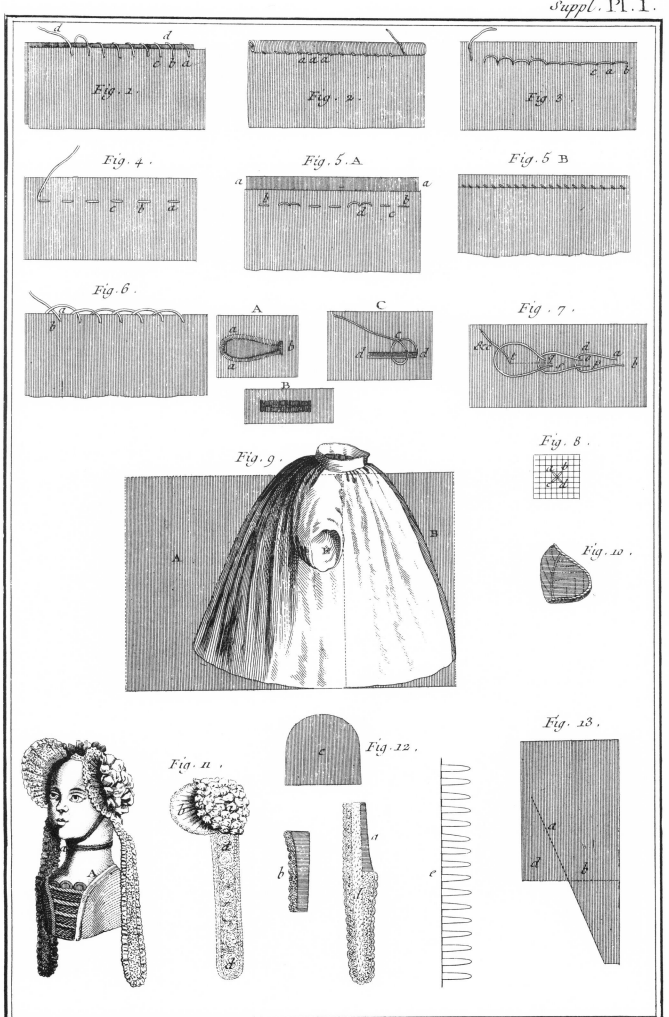

Fig. 1.

Fig. 2.

Fig. 3.

Fig. 4.

Fig. 5. A

Fig. 5. B

Fig. 6.

A

C

Fig. 7.

B

Fig. 9.

Fig. 8.

Fig. 10.

Fig. 13.

Fig. 12.

Fig. 11.

Lingere

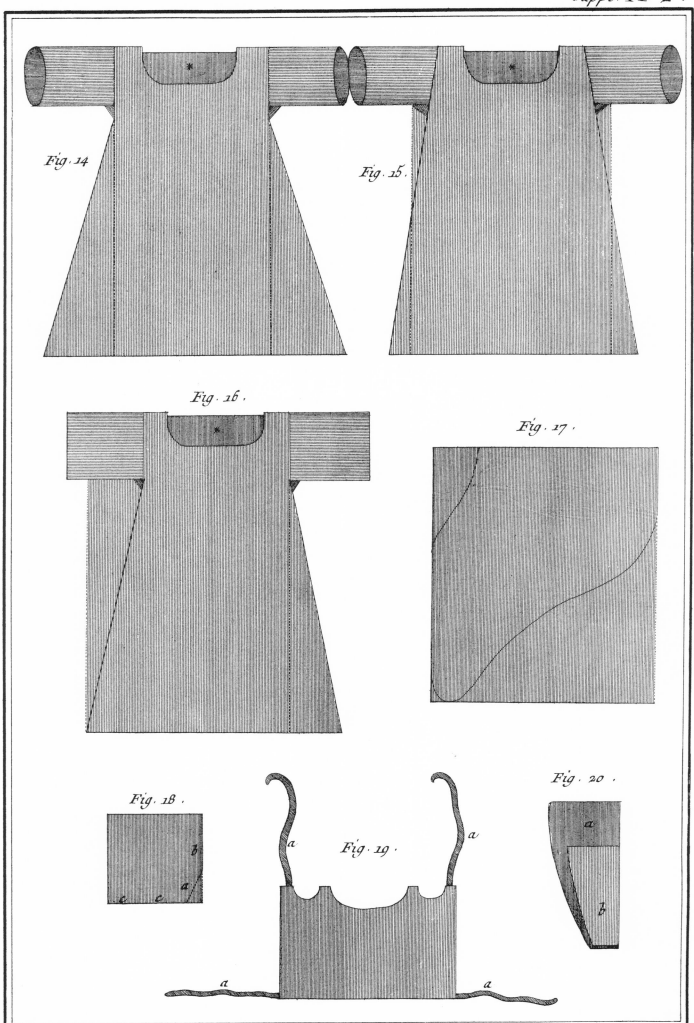

Fig. 14.

Fig. 15.

Fig. 16.

Fig. 17.

Fig. 18.

Fig. 19.

Fig. 20.

Lingere.

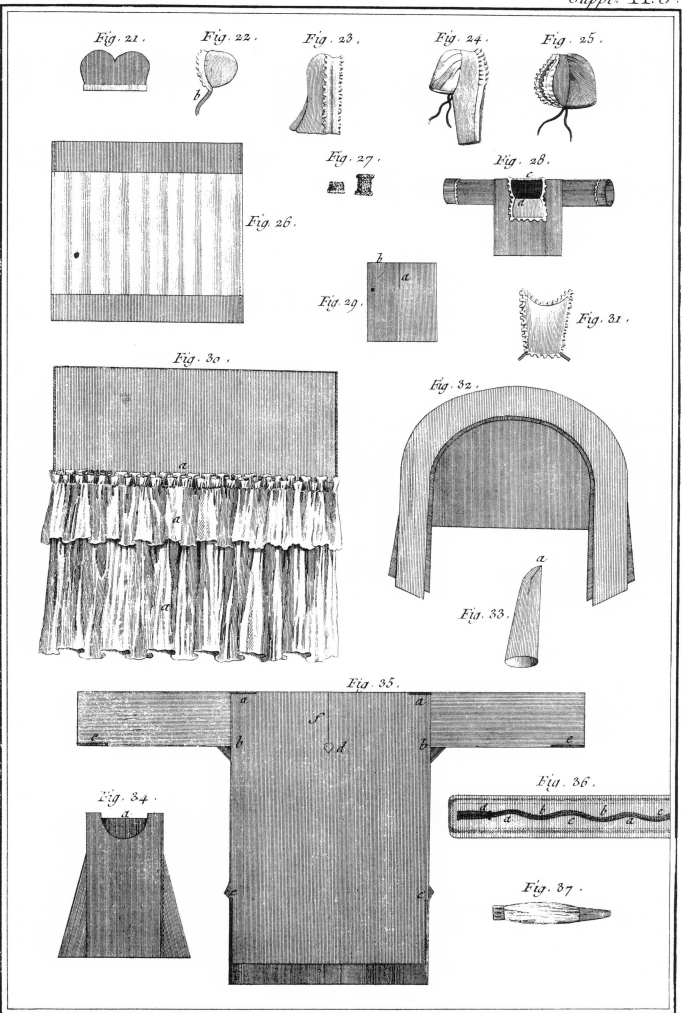

Fig. 21.   *Fig. 22.*   *Fig. 23.*   *Fig. 24.*   *Fig. 25.*

Fig. 27.   *Fig. 28.*

Fig. 26.

Fig. 29.   *Fig. 31.*

Fig. 30.   *Fig. 32.*

Fig. 33.

Fig. 35.

Fig. 34.   *Fig. 36.*

Fig. 37.

Lingere.

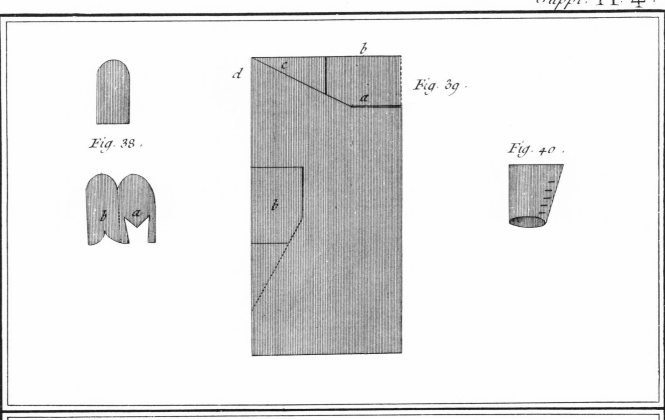

Fig. 38.   Fig. 39.   Fig. 40.

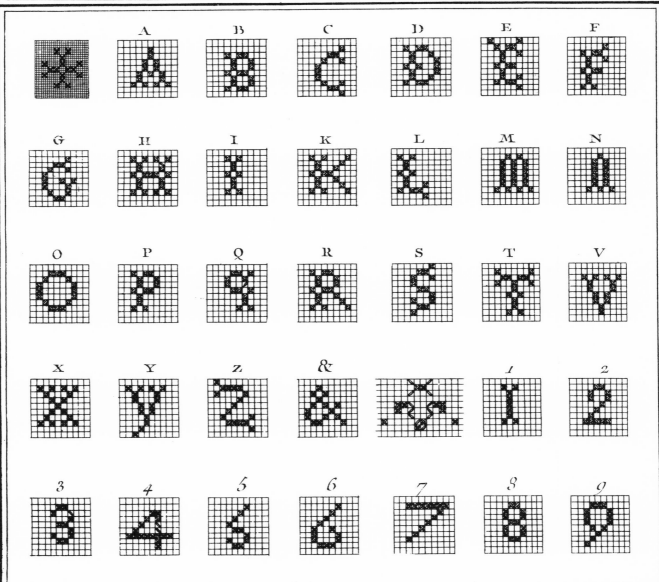

Lingere.

✟✟

MARCHANDE DE MODES,

CONTENANT une Planche.

LA vignette repréfente la boutique d'une marchande de modes.

Bas de la Planche.

Fig. 1. Coupe du coqueluchon d'un mantelet.

Fig. 2. Mantelet coupé. Dans cette coupe eſt celle de la mantille de cour en lignes ponctuées.
3. Peliſſe coupée.

✳✳

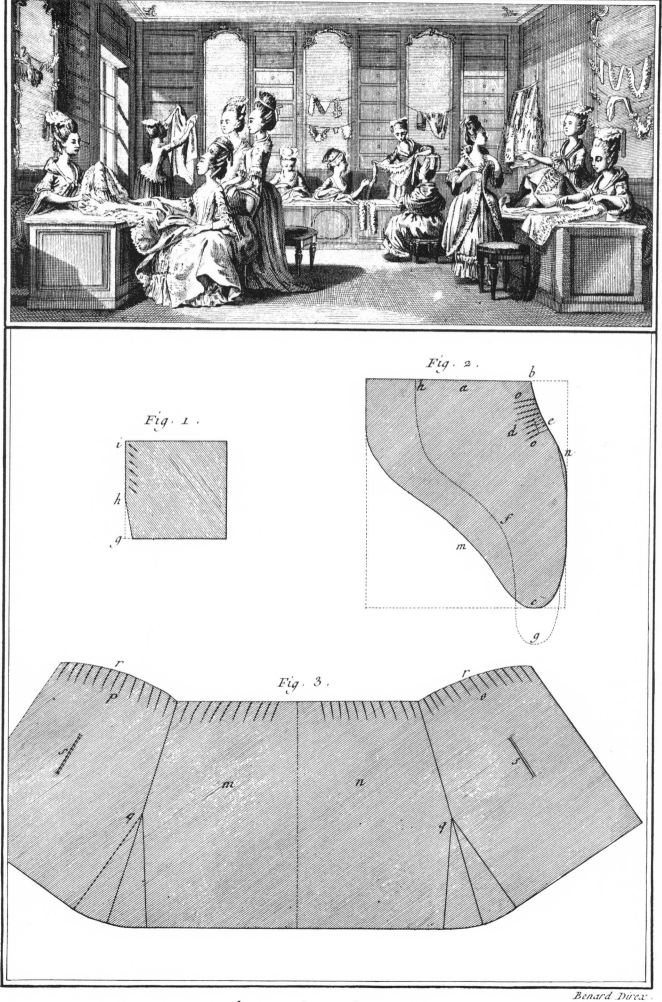

Fig. 1.

Fig. 2.

Fig. 3.

Benard Direx.

Marchande de Modes.

PERRUQUIER, BARBIER, BAIGNEUR-ETUVISTE.

CONTENANT douze Planches, équivalentes à quinze à cause de trois Planches doubles.

PLANCHE Iere.

LE haut de cette Planche repréfente un attelier ou boutique de perruquier où plufieurs garçons font occupés à divers ouvrages de cet art ; un en *a*, à faire la barbe ; un en *b*, à accommoder une perruque ; une femme en *c*, à treffer ; deux ouvriers en *d*, à monter des perruques ; un autre en *e*, à faire chauffer les fers à frifer, tandis qu'un particulier en *f* ôte la poudre de deffus fon vifage.

Bas de la Planche.

Fig. 1. Baffin à barbe d'étain ou de fayance. A, l'échancrure qui reçoit le menton lorfque l'on rafe.
2. Baffin à barbe d'argent ou argenté. A, l'échancrure.
3. Coquemard à faire chauffer l'eau. A, le manche. B, l'anfe. C, le couvercle.
4. Bouilloire. A, l'anfe. B, le bouchon ou couvercle.
5. Bouteille de fer-blanc à porter de l'eau en ville, lorfque l'on y va rafer. A, la bouteille. B, le gouleau. C, le bouchon.
6. Autre bouteille de fer-blanc deftinée au même ufage. A, la bouteille. B, le bouchon.
7. Cuir à deux faces à repaffer les rafoirs. A, le cuir. B, le manche.
8. Cuir à quatre faces à repaffer les rafoirs. Ces faces font préparées de maniere à affiler les rafoirs de plus en plus fin. A, le cuir. B, le manche.
9. Pierre à repaffer les rafoirs.
10. Pierre enchâffée à repaffer les rafoirs. A, la pierre. B, le chaffis. C, le manche.

PLANCHE II.

Fig. 1. Boîte à favonnette. A, la boîte. B, le couvercle.
2. A, la boîte. B, la favonnette.
3. Rafoir. A, la lame. B, le manche.
4. Couvercle de l'étui à rafoirs.
5. Etui à rafoirs. A, l'étui. B B, les rafoirs.
6. & 7. Savon & éponge dans leurs boîtes.
8. Poche à rafoir. A, la poche. B B, les cordons. C C, les rafoirs.
9. & 10. Papillotte ordinaire & à crêpe.
11. & 12. Peignes à retaper à queue. A A, les dents. B B, les dos. C C, les queues.
13. Papillotte tortillée fur laquelle on roule les cheveux.
14. & 15. Petites broffes à nettoyer les peignes. A A, les broffes. B B, les manches.
16. Pincée de cheveux à demi en papillotte. A, les cheveux. B, la papillotte.
17. La même mife en papillotte. A, la pincée. B, la papillotte faite.
18. & 19. Elévation & coupe d'un peigne à retaper à deux fins & à dos plat. A A, les dents. B, le dos plat.
20. & 21. Elévation & coupe d'un peigne à retaper & à deux fins & à dos rond. A A, les dents. B, le dos rond.
22. Cifeaux fans pointe à tailler les cheveux. A A, les branches. B, la charniere. C C, les anneaux.
23. Fer à frifer le toupet, dit *fer à toupet*. A A, les branches. B B, les anneaux. C, la charniere.
24. Compas à piftolet à rouler les cheveux. A A, les jambes. B, la poignée. C, le poucier. D, la charniere. E, le reffort.
25. Autre compas à charniere à rouler les cheveux. A A, les jambes. B, la charniere.
26. Pincée des cheveux prête à être frifée. A, la pointe.
27. La même tortillée lorfque l'on veut y mettre des

papillottes fendues. A, la pointe. B, le tortillé.
28. La même pincée par la pointe. A, la pointe pincée.
29. La même frifée.
30. Peigne à démêler d'ivoire à deux fins. A A, les dents. B, le dos.
30. *bis* & 31. Déméloirs. A A, les dents. B B, les dos.
32. Peigne ceintré de chignon. A, les dents. B, le dos ceintré.
33. Fer à paffer les papillottes, dit *fer à frifer*. A A, les mords. B, la charniere. C, la poignée. D, le poucier.
34. Autre fer à paffer. A A, les mords. B, la charniere. C, la poignée. D, le poucier.
34. n°. 2. Boîte à poudre. A, la boîte à poudre. B B, les boîtes à pommade liquide & forte. C, l'anfe.
34. n°. 3. Pot à pommade liquide.
35. Boîte à pommade liquide. A, le couvercle. B, la boîte.
36. Bâton de pommade forte.
37. Sac à poudre pour porter en ville. A A, les cordons.
38. Poudroir à foufflet. A, la boîte. B, le foufflet.
39. Houppe de cigne pour la toilette des femmes. A, la houppe. B, le manche.
40. Houppe fans tête.
41. Houppe à tête. A, la tête.
42. Cornet à placer fur le vifage lorfque l'on poudre.
43. Mafque deftiné au même ufage.

PLANCHE III.

Fig. 1. Mefure de perruque. A B, premiere mefure du haut du front à la nuque du cou. A C, feconde mefure d'une tempe à l'autre paffant par derriere la tête. A D, troifieme mefure d'une oreille à l'autre, paffant par le fommet de la tête, plus haut pour les perruques à oreilles, & plus bas pour les perruques pleines. A E, quatrieme mefure du milieu d'une joue au milieu de l'autre, paffans par derriere la tête. A F, cinquieme & derniere mefure du milieu du haut du front jufqu'à l'une des tempes.
2. Carde ou peigne de fer. A A, les dents. B, la plaque. C C, les pattes.
3. Cardes à tirer à plat ; elles font doubles & pofées deux l'une fur l'autre. A A, les pointes. B B, les plaques.
4. 5. 6. Bilboquets ; on fe fert d'un plus grand nombre, & ils font de différentes groffeurs. Leur ufage eft pour rouler les cheveux.
7. Cardes à dégager. A A, les pointes. B B, la plaque.
8. Cardes ou gros ferran. A A, les pointes. B, la plaque.
9. Cardes ou ferran fin. A A, les pointes. B, la plaque.
10. Cardes à préparer. A A, les pointes. B B, la plaque.
11. & 12. Cardes à pointes femblables à celles des cardes à matelas. A A, les pointes. B B, les plaques. C C, &c. les pattes.
13. Cardes fines. A A, les pointes. B, la plaque. C, la patte.
14. Paquets de cheveux montés fur des bilboquets.
15. Paquets de cheveux effilés.
16. 17. 18. & 20. Cheveux étiquetés & numérotés de différentes grandeurs.
19. Paquet de cheveux prêts à être effilés.
21. Métier à treffe. A A, les bâtons. B, le pié. C C, les cheveux treffés. D D, les fils tendus. E E, cartes autour defquelles font roulés les fils.
22. & 23. Cartes à rouler les fils.
24. & 25. Différens fers à paffer les cheveux des perruques. A A, les fers. B B, les manches.

26. Mefure de tournant.
27. & 28. Développement de différentes treffes. A, B & C, figure de l'M fimple de plufieurs fortes fur deux foies. D, figure de l'M doublée fur deux foies. E, figure de l'N fimple fur trois foies. F, figure de l'M fimple. G, figure de la demie N. H, figure de l'M à fimple tour. I, figure de l'M & demie. K, figure de l'M redoublée. L, figure de la derniere paffée d'arrêt. M, figure de la premiere paffée d'arrêt.
29. & 30. Regles à étages.

PLANCHE IV.

Fig. 1. Etuve de menuiferie à faire fecher les cheveux. A, le couvercle. B, la grille intérieure. C, la porte pour le paffage d'un réchaud de feu.
2. Marmite à faire bouillir les cheveux.
3. & 4. Coins dont on fe fert pour les têtes à perruque brifée.
5. Cheveux. Maniere de diftinguer le côté de la pointe de celui de la tête lorfqu'on l'a perdu ; c'eft en le ferrant dans les deux doigts & le faifant gliffer, ce qui fait approcher la pointe , étant compofé d'une infinité de petites branches déliées & pointues adhérentes au tronc.
6. & 7. Aiguilles à coudre la perruque. AA, les têtes.
8. & 9. Pointes pour arrêter les fils ou rubans. AA, les têtes.
10. Autre pointe ou clou à crochet.
11. Nœud à reprendre les fils des treffes lorfqu'ils fe caffent. A, le fil dont le bout eft caffé. B, le fil portant l'anneau.
12. Pelotte de fil.
1. Etau. A, le mord mobile. B, le mord immobile. CC, les jumelles. D, la patte. E, la vis. F, la manivelle à écrou. G, le reffort. H, la corde à ferrer l'écrou.
13. n°. 2. Reffort double de l'étau.
14. Etuve de boiffellerie. A, le couvercle. B, la grille intérieure.
15. Monture pleine préparée. AA, le ruban à monter arrêté de pointe. BB, le réfeau. CC, le ruban à couvrir. DD, le ruban croifé.
16. La même vue en face. AA, &c. les fils arrêtés aux pointes.
17. Monture à oreille. AA, le ruban. B, l'échancrure. CC, les fils. D, le bougran d'oreille. EE, la jarretiere. F, le réfeau. G, le bougran de plaque.
18. Monture pleine vue par derriere. A, le réfeau. B, le bougran de plaque. C, la jarretiere à boucle. DD, les fils.
19. Monture pleine pour une tête plate. A, le bord de front. BB, les petits tournans. CC, les grands tournans. D, le deffus de la tête. EE, les petits corps de rangs. FF, les grands corps de rangs. GG, la plaque.
20. & 21. Jarretieres. A, la boucle.
22. Marteau. A, la tête. B, la panne à pié de biche. C, le manche.
23. Plaque de plomb pour les oreilles.
24. Refforts de tempes.
25. Fer à paffer les perruques.
26. Pinces. AA, les mords. BB, les branches.
27. Compas. A, la tête. BB, les jambes.
28. Marmite ou chaudiere. AA, les piés. B, l'anfe.
29. Huilier.
30. Table à travailler. A, la table. BB, les piés.

PLANCHE V.

Fig. 1. Corps de rangs de la perruque en bonnet. AB, les petits corps de rangs. BC, les grands. CD, les tournans.
2. Corps de rangs de la perruque nouée. AB, les petits corps de rangs. BC, les grands. CD, les tournans.
3. Corps de rangs de la perruque quarrée. AB, les petits corps de rangs. BC, les grands. CD, les tournans.

4. Corps de rangs de la perruque à la brigadiere. AB, les petits corps de rangs. BC, les grands. CD, les tournans.
5. Corps de rangs de la perruque d'abbé. AB, les petits corps de rangs. BC, les grands. CD, les tournans.
6. Corps de rangs de la perruque en bourfe. AB, les petits corps de rangs. BC, les grands. CD, les tournans.
7. Corps de rangs de la perruque nouée à oreille. AB, les petits corps de rangs. BC, les grands. CD, les tournans.
8. Corps de rangs de la perruque quarrée à oreille. AB, les petits corps de rangs. BC, les grands. CD, les tournans.
9. Petits tournans.
10. Corps de rangs de la perruque en bonnet à oreille. AB, les petits corps de rangs. BC, les grands. CD, les tournans.
11. Corps de rangs de la perruque d'abbé à oreille. AB, les petits corps de rangs. BC, les grands. CD, les tournans.
12. Corps de rangs de la perruque naturelle à oreille. AB, les petits corps de rangs. BC, les grands. CD, les tournans.
13. Tours de perruque naiffante.
14. Corps de rangs de la perruque à deux queues. AB, les petits corps de rangs. BC, les grands. CD, les tournans.

PLANCHE VI.

Fig. 1. Corps de rangs de perruques de femmes, chignons frifés. AB, les petits corps de rangs. BC, les grands CD, les tournans.
2. Corps de rangs de chignon relevé. AB, les petits corps de rangs. BC, les grands. CD, les tournans.
3. Corps de rangs de tour de face. AB, les petits corps de rangs. BC, les grands. CD, les tournans.
4. Corps de rangs de bonnet de cheveux. AB, les petits corps de rangs. BC, les grands. CD, les tournans.
5. Pointe à retenir les perruques fur les têtes pendant l'accommodage.
6. Vergette de chiendent.
7. Tête à perruque mobile. A, la tête. B, la tige. C, le canon dans lequel monte & defcend la tige pour la placer à la hauteur que l'on defire. D, vis à fixer la tige. E, le pié à trois branches plus folide que les croifés.
8. & 9. Crochets à retenir les perruques fur les têtes pendant les accommodages. AA, les crochets. BB, les cordons qui fe nouent fous le nez de la tête.
10. Boîte à perruque pour porter en ville. A, la boîte. B, le couvercle. C, le champignon fur lequel on pofe la perruque. D, la tige du champignon. E, la pointe pour retenir la perruque. F, la poignée.
11. Autre boîte à perruque. A, la poignée. B, la boîte. C, le couvercle.
12. Poudrier fait pour poudrer les perruques, afin que la poudre ne fe répande point dans la piece. A, le poudrier d'ofier. B, la tête à perruque qu'il contient. C, le pié de la tête. D, portion de la table fur laquelle le tout eft pofé.
13. Autre pié à porter la tête à perruque. A, la tige. B, le pié croifé.
14. Champignon à pié. A, le champignon. B, la tige. C, la pointe. D, le pié croifé.
15. Champignon fimple à porter les perruques. A, le champignon. B, la tige. C, la pointe.

PLANCHE VII.

Fig. 1. & 2. Intérieur & extérieur d'une perruque en bonnet.
3. & 4. Intérieur & extérieur d'une perruque à bourfe. A, la bourfe. BB, les jarretieres.
5. & 6. Intérieur & extérieur d'une perruque à nœuds. AA, les nœuds. B, le boudin.

7. Nœud de la même perruque.
8. Boudin de la même perruque.
9. Bourse. A, la rosette. B B, les cordons.
10. & 11. Extérieur & intérieur de la perruque naissante.
12. & 13. Extérieur & intérieur de la perruque d'abbé. A A, la tonsure.
14. & 15. Intérieur & extérieur de la perruque à la brigadiere. A A, les boudins. B, la rosette.
16. Boudins de la même perruque.
17. Rosette de la même perruque. A A, les cordons.

PLANCHE VIII.

Fig. 1. & 2. Extérieur & intérieur de la perruque à deux queues. A A, les queues. B B, les rosettes.
3. & 4. Extérieur & intérieur de la perruque quarrée. A A, le boudin.
5. & 6. Intérieur & extérieur de la perruque à cadogan. A A, le cadogan.
7. & 8. Perruque de femme à chignon frisé vue latéralement & par derriere. A, le crêpé. B, le frisé. C C, les cordons.
9. & 10. Intérieur & extérieur de la perruque de femme à chignon relevé. A, le crêpé. B B, les boucles latérales. C C, les boudins. D, le bonnet de cheveux. E, le peigne. F, le chignon.
11. Tour de face. A A, les cordons.
12. & 13. Boudins pendans.
14. Cheveux servant de fausse queue.
15. Bonnet de cheveux.
16. 17. & 18. Boucles de différentes formes.

PLANCHE IX.

Appartement de bains particuliers.

Fig. 1. 2. & 3. Plan des bains; la *fig.* 1, est la coupe sur la ligne A B du plan, & la 2. la coupe sur la ligne C D du même plan. E, escalier. F, antichambre. G, petite lingerie. H, chambre en niches. I I, les lits en niches. K K, &c. garderobe. L, chambre des bains. M M, baignoires en niches. N, réservoir d'eau froide. O O, passages au-dessus desquels sont d'autres réservoirs. P, étuve. Q Q, fourneaux. R R, chaudieres. S S, cheminées des fourneaux. T T, portes des fourneaux.

PLANCHE X.

Fig. 1. Elévation extérieure, & 2. plan au rez-de-chaus-

sée d'un bateau de bains publics établis à Paris sur la riviere de Seine en 1761 par Poitevin, baigneur.
Pl. X. & XI. A A, bains des hommes. B B, bains des femmes. E E, petits ponts. F F, passages. G G, escaliers pour monter au premier. H, ariances. I I, corridors. K, chambre de garçons. L, chambre de filles. M M, &c. chambres de bains. N N, chambres à lits. O, chaudiere. P, escalier pour descendre au fond du bateau. Q Q, pompes. R, fourneau. S, dessous du fourneau. T T, &c. baignoires. V V, &c. lits. X X, réservoirs. Y Y, lieux pour étendre le linge. Z Z, corridors du premier. & &, terrasses.

PLANCHE XI.

Fig. 1. Elévation intérieure.
2. Plan au premier des mêmes bains. *a*, logemen du maître. *b*, logement des garçons. *c*, logement du concierge. *d d*, lingerie des hommes. *e*, logement de la maîtresse. *f*, logement des filles. *g g*, lingerie des femmes. *h h*, fond du bateau.

PLANCHE XII.

Fig. 1. Coupe sur la ligne A B du plan, *fig.* 2. Pl. X. & *fig.* 2. Coupe sur la ligne C D du même plan.
3. Coupe du fourneau & de la chaudiere. A A, la chaudiere. B B, le vuide autour de la chaudiere. C, le fourneau. D, la grille du fourneau. E, la porte du fourneau. F, la cheminée. G, le tuyau de décharge. H, le tuyau de trop plein. I, le dessous du fourneau. K, la porte du dessous du fourneau.
4. Cylindre ou étuve ambulante destinée à contenir dans son milieu A le fer dont la vapeur sort par les tuyaux B B; C est le couvercle. Cette étuve est faite pour échauffer l'eau dans la baignoire.
5. Immersoir. A, l'anse. B, l'entonnoir. C, le tuyau d'immersion.
6. Robinet que l'on place deux à deux au-dessus de chaque baignoire, dont l'un donne l'eau chaude & l'autre l'eau froide. A, le robinet. B, la clé.
7. Petit seau de cuivre étamé en-dedans fait pour agiter l'eau dans la baignoire. A, l'anse.
8. & 9. Sandales du baigneur.
10. Baignoire de merain. A A A, les cerces. On en fait de même forme en cuivre étamé.
11. Grille du fourneau.

Pl. I.

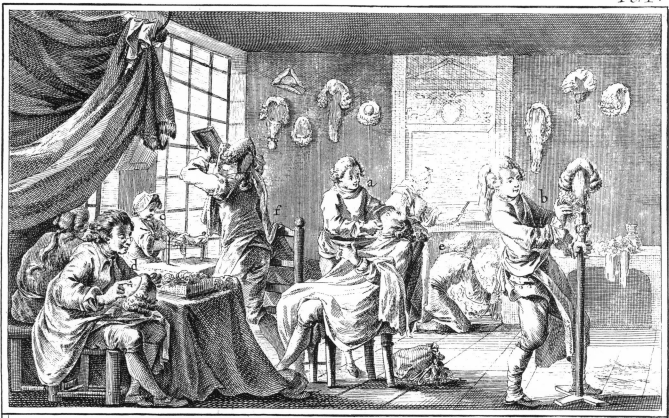

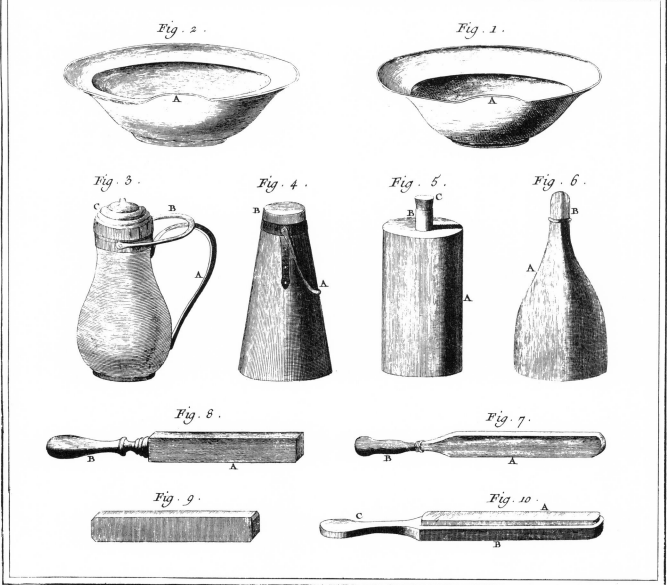

Fig. 2.

Fig. 1.

Fig. 3.

Fig. 4.

Fig. 5.

Fig. 6.

Fig. 8.

Fig. 7.

Fig. 9.

Fig. 10.

Lucotte Del.

Benard Fecit.

Perruquier Barbier.

Pl. II.

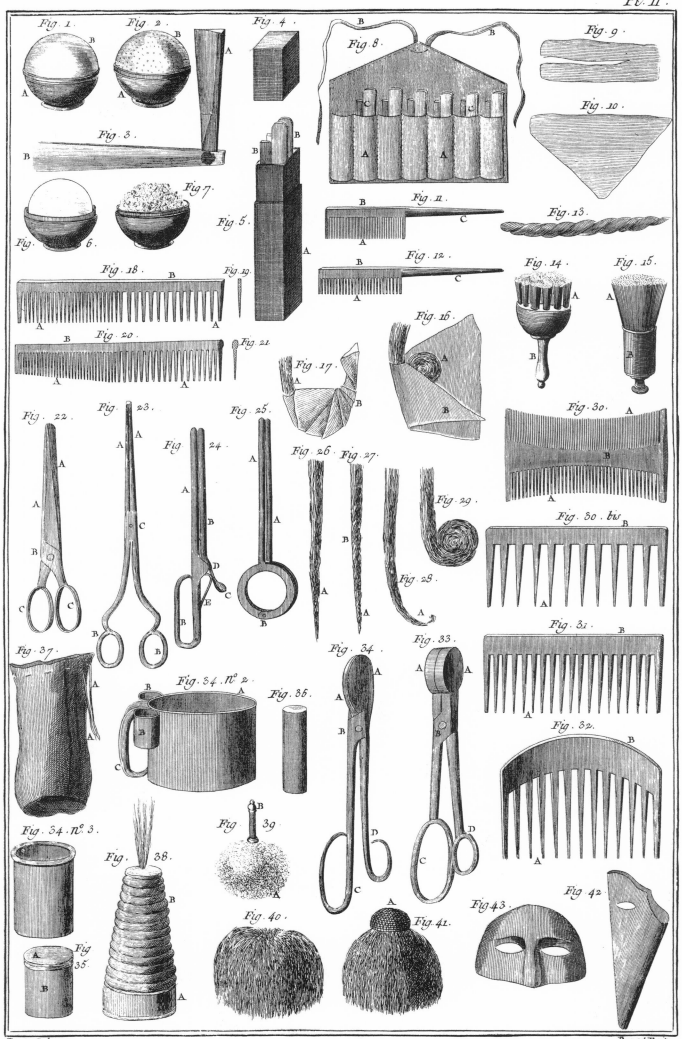

Fig. 1. Fig. 2. Fig. 4. Fig. 8. Fig. 9. Fig. 3. Fig. 10. Fig. 5. Fig. 7. Fig. 6. Fig. 11. Fig. 13. Fig. 12. Fig. 14. Fig. 15. Fig. 18. Fig. 19. Fig. 20. Fig. 21. Fig. 16. Fig. 30. Fig. 17. Fig. 22. Fig. 23. Fig. 24. Fig. 25. Fig. 26. Fig. 27. Fig. 29. Fig. 28. Fig. 30. bis. Fig. 31. Fig. 37. Fig. 34. nº 2. Fig. 36. Fig. 34. Fig. 33. Fig. 32. Fig. 34. nº 3. Fig. 38. Fig. 39. Fig. 35. Fig. 40. Fig. 41. Fig. 43. Fig. 42.

Lucotte Del. Benard Fecit

Perruquier-barbier, Barbe et Frisure.

Pl. III.

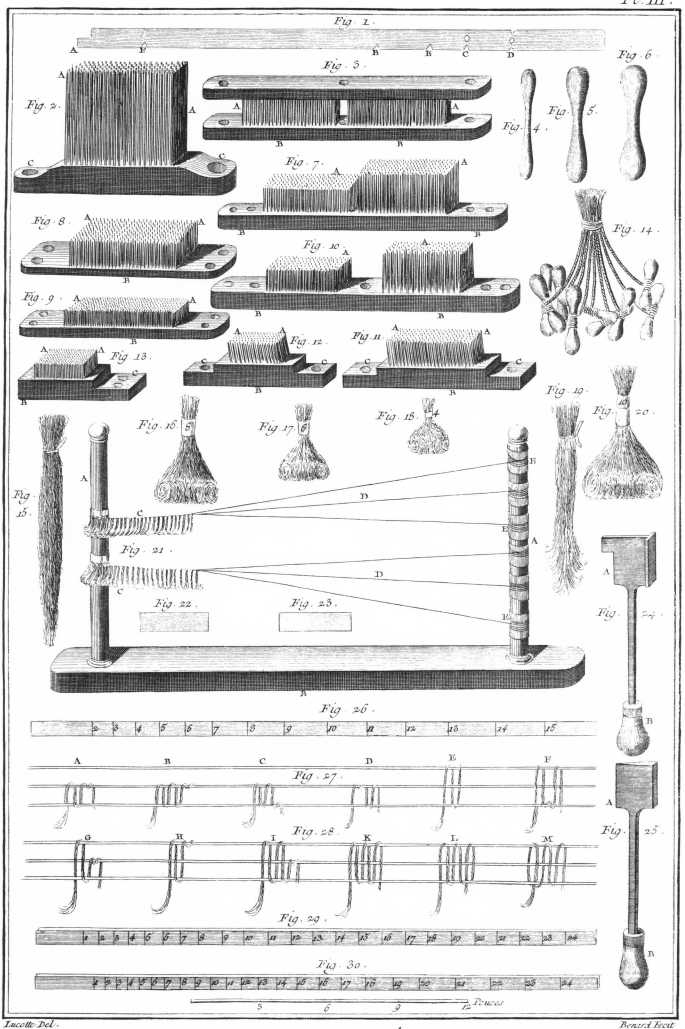

Lucotte Del.

Benard Fecit.

Perruquier barbier, Tresses.

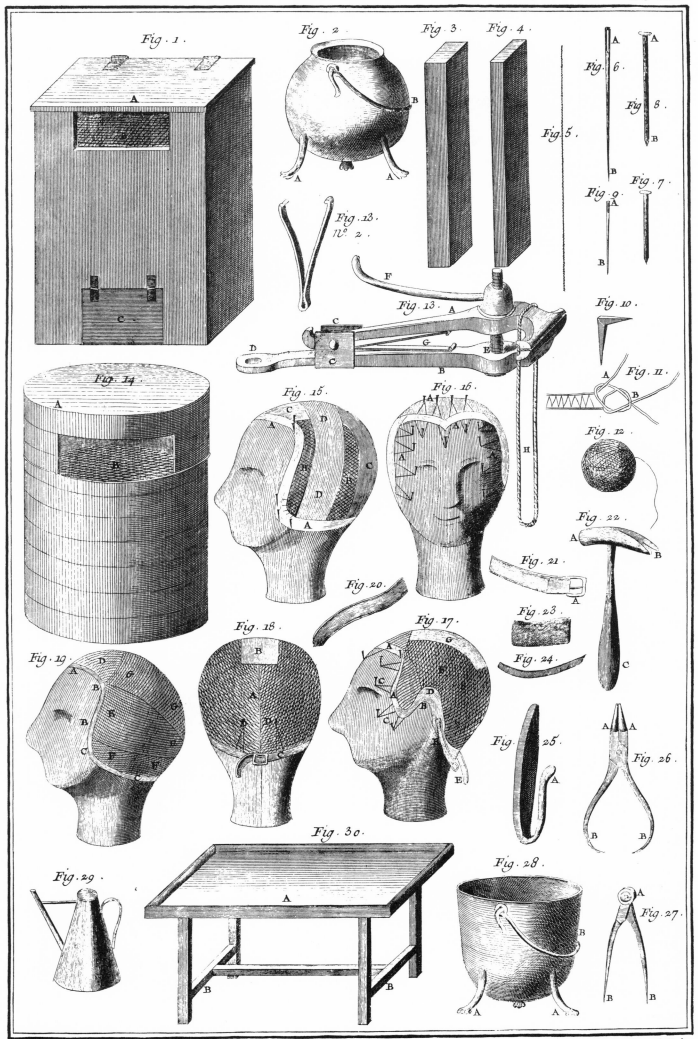

Pl. IV.

Fig. 1. Fig. 2. Fig. 3. Fig. 4. Fig. 5. Fig. 6. Fig. 8. Fig. 7. Fig. 9. Fig. 13. N°. 2. Fig. 13. Fig. 10. Fig. 11. Fig. 12. Fig. 14. Fig. 15. Fig. 16. Fig. 22. Fig. 21. Fig. 20. Fig. 23. Fig. 24. Fig. 18. Fig. 17. Fig. 19. Fig. 25. Fig. 26. Fig. 30. Fig. 28. Fig. 29. Fig. 27.

Lucotte Del.

Benard Fecit.

Perruquier barbier, Étuve et préparation de la Perruque.

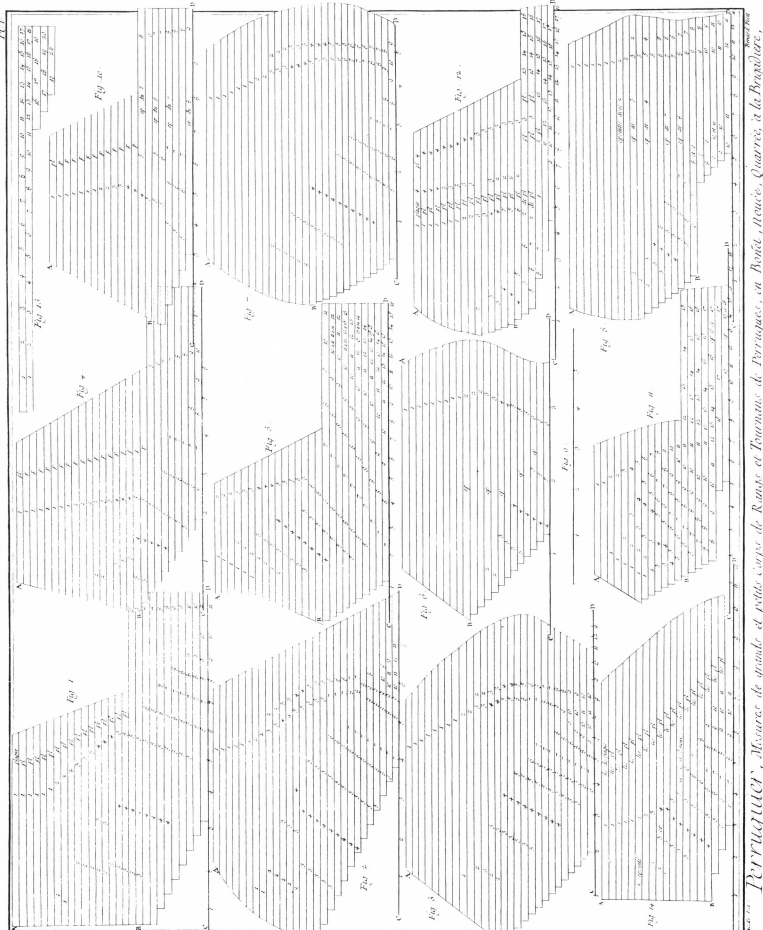

Pl. I.

Perruquier, Mesures de grands et petits corps de Rangs et Tournans de Perruques, en Bonet, Nouée, Quarrée, à la Brigadiere,
d'Abbé, en Bource, Nouée à Oreille, Bonet à Oreille, Naturelle à Oreille, à deux Queües.

Benard Fecit

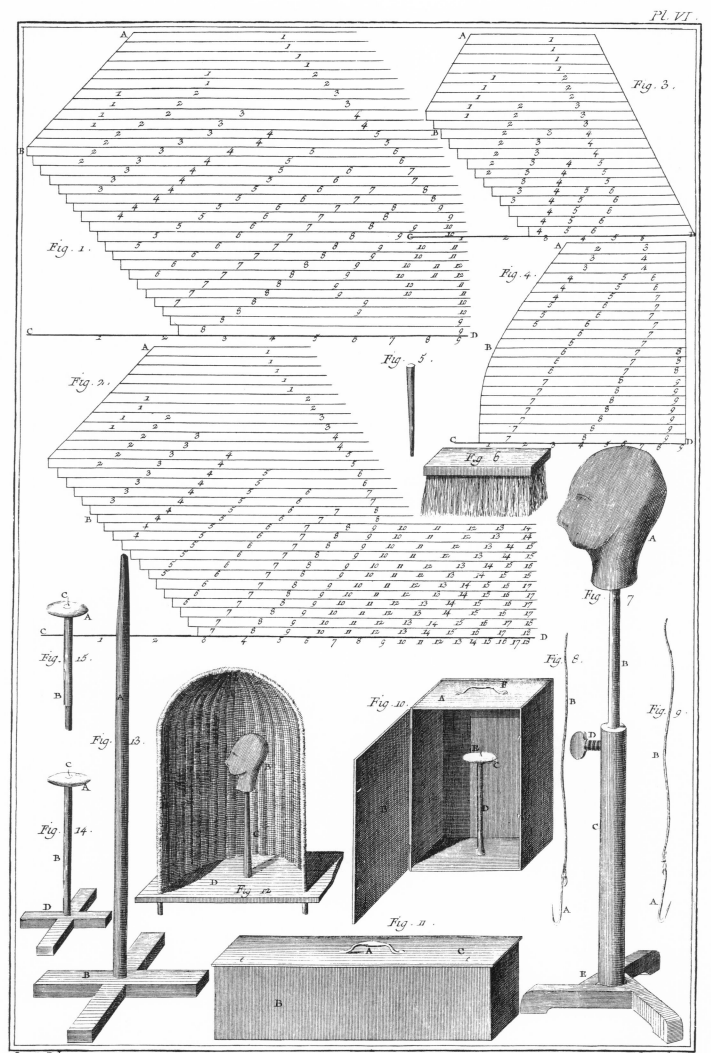

Pl. VI.

Perruquier, Mesures de grands et petits Corps de Rangs et
Tournans de Perruques de femmes et Ustenciles de Perruquier.

Pl. VII.

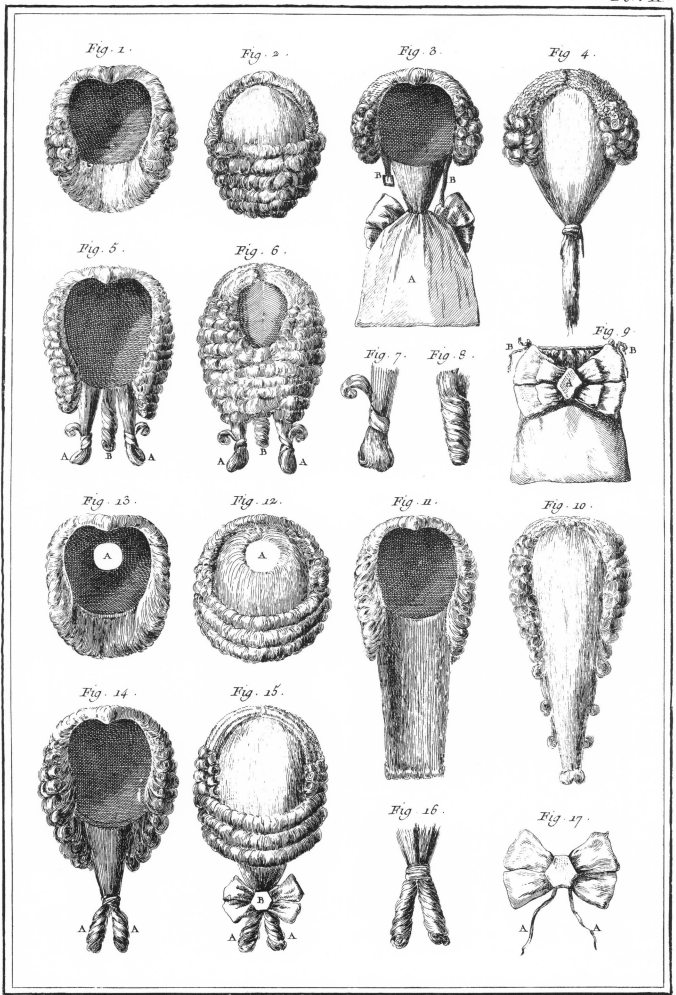

Fig. 1. Fig. 2. Fig. 3. Fig 4.

Fig. 5. Fig. 6. Fig. 7. Fig. 8. Fig. 9.

Fig. 13. Fig. 12. Fig. 11. Fig. 10.

Fig. 14. Fig. 15. Fig. 16. Fig. 17.

Tricotte Del. Benard Fecit

Perruquier. Barbier, Perruques.

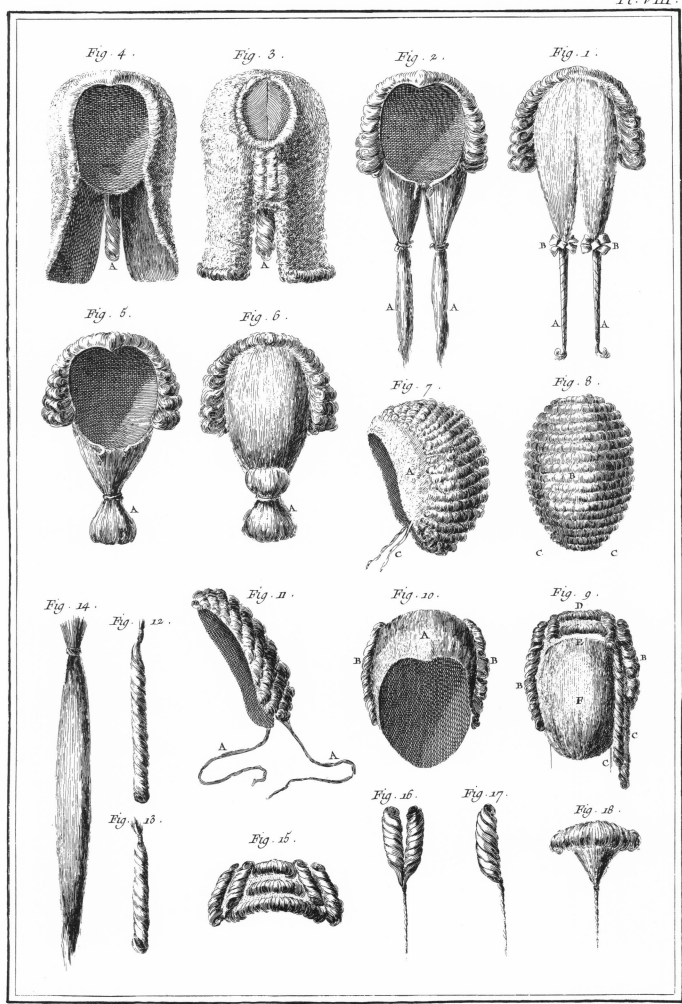

Pl. VIII.

Fig. 4. Fig. 3. Fig. 2. Fig. 1.

Fig. 5. Fig. 6.

Fig. 7. Fig. 8.

Fig. 14. Fig. 12. Fig. 11. Fig. 10. Fig. 9.

Fig. 13.

Fig. 15. Fig. 16. Fig. 17. Fig. 18.

Lacotte Del.

Benard Fecit.

Perruquier Barbier, Perruques.

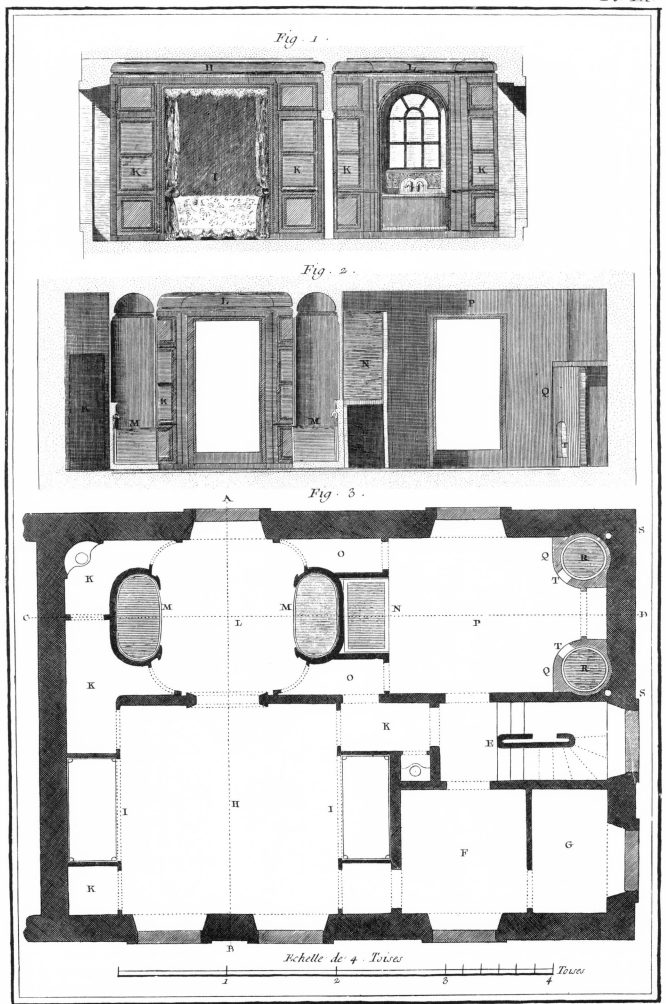

Pl. IX.

Fig. 1.

Fig. 2.

Fig. 3.

Echelle de 4 Toises

Toises

1   2   3   4

Lucotte Del.

Benard Fecit.

Perruquier Baigneur Étuviste, Appartement de Bains.

Pl. X.

Fig. 1.

Fig. 2.

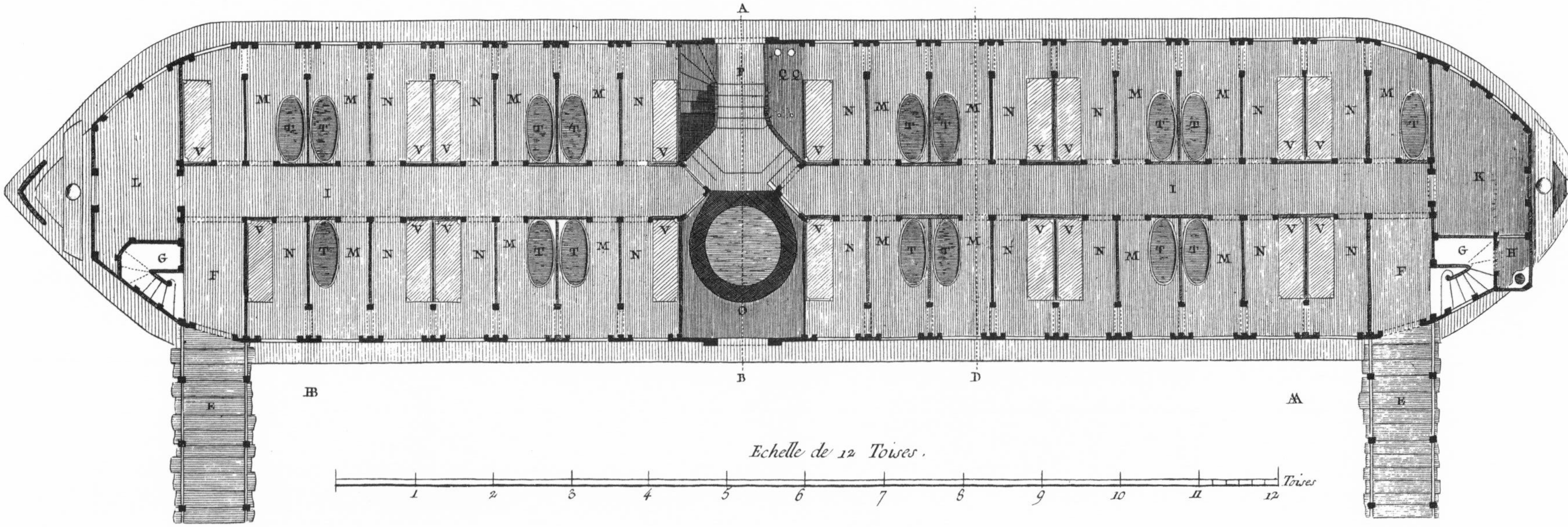

Echelle de 12 Toises.

Lucotte Del.

Benard Fecit.

Perruquier Baigneur Étuviste, Bains de Poitevin établis sur la Seine, en 1761.

Pl. XI.

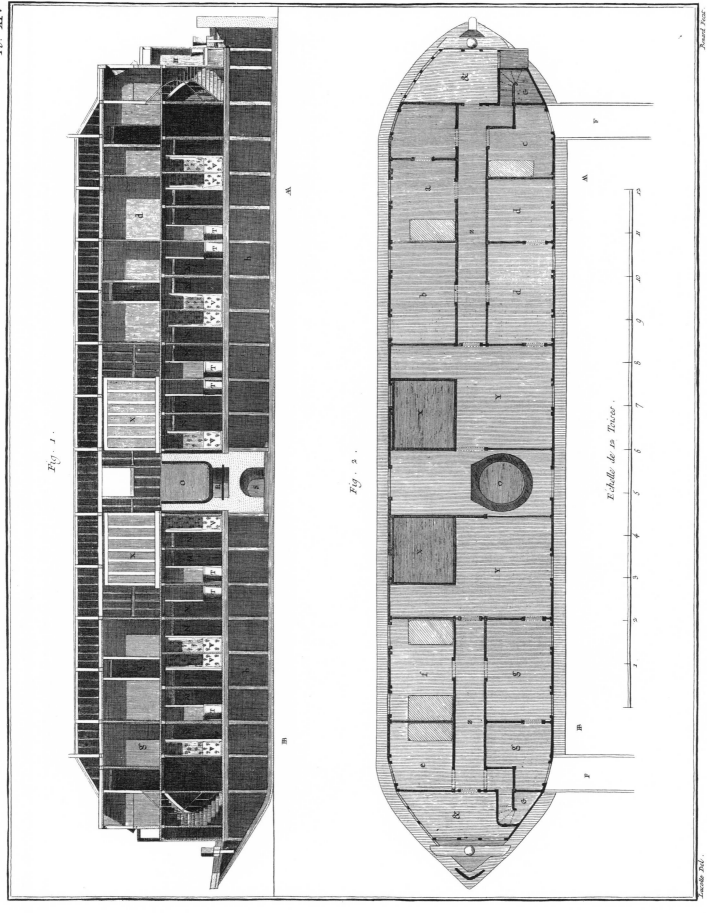

Fig. 1.

Fig. 2.

Échelle de 12 Toises.

1 2 3 4 5 6 7 8 9 10 11 12

Perruquier Baigneur Étuviste, Bains de Poitevin établis sur la Seine.

Pl. XII.

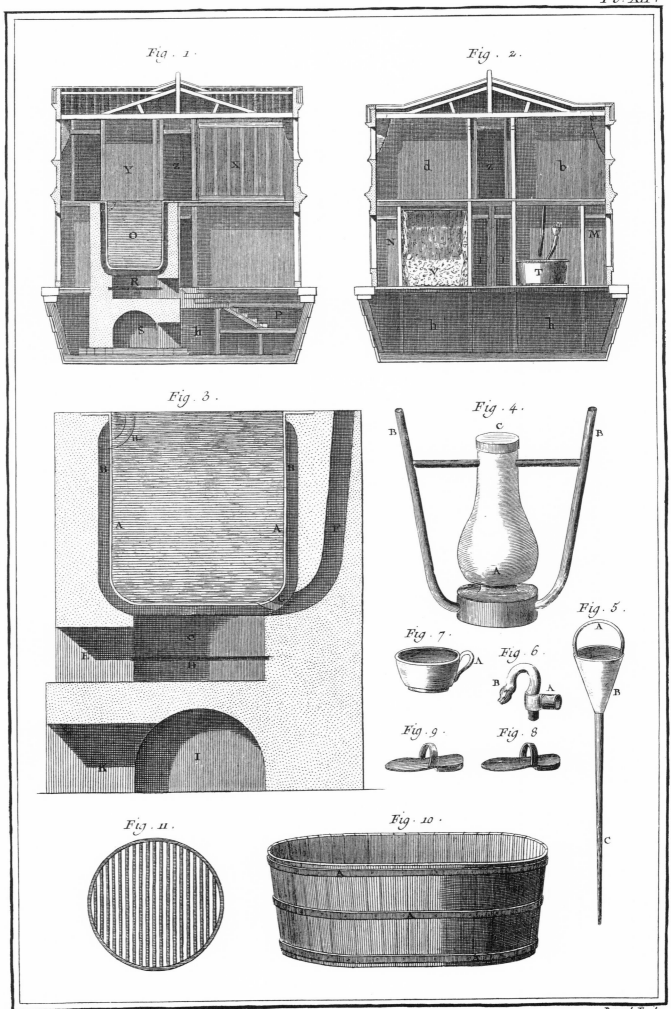

Fig. 1. Fig. 2. Fig. 3. Fig. 4. Fig. 5. Fig. 6. Fig. 7. Fig. 8. Fig. 9. Fig. 10. Fig. 11.

Lucotte Del.

Benard Fecit.

Perruquier Baigneur Étuviste, Bains et Détails.

PLUMASSIER PANACHIER,

CONTENANT CINQ PLANCHES.

PLANCHE Iere.

Fig. 1. VIGNETTE repréfentant l'intérieur d'un attelier ou boutique d'un plumaffier.

a, Ouvriere occupée à ajufter la toque du chapeau d'un
récipiendaire duc & pair.

b, Ouvriere occupée à coudre enfemble des plumes
d'autruche pour former des plumets.

c, Autre ouvriere occupée à monter un panache en
plumes d'autruche pour la tête des chevaux pour
les entrées d'ambaffadeurs & autres cérémonies.

d, Ouvriere occupée à monter des agrémens en plumes
d'autruche pour orner des robes de femme.

ee, Plumes d'autruche treffées enfemble pour être dégraiffées & attachées au plancher pour fécher.

f, Plume de paon pour être employée aux agrémens.

2. *a*, Couteau pour couper également les plumes.

3. *a*, Aiguille à coudre les plumes.

4. *a*, Couteau dont le manche eft enveloppé de lifiere ;
ce couteau fert à frifer les plumes. *Voyez* figure 1.
Planche II.

5. *a*, Carlet, grande aiguille à trois quarts, qui fert à
coudre enfemble les grandes plumes.

6. *a*, Grand cifeau à longue lame, propre à couper les
grandes plumes.

PLANCHE II.

Fig. 1. Ouvrier occupé à frifer des plumes d'autruche.

2. Ouvrier occupé à arracher des plumes d'autruche
avec un morceau de verre caffé, pour diminuer
la trop grande épaiffeur de la côte de la plume.

3. Panache à deux rangs pour l'affemblée des ducs &
pairs.

4. Toque de réception des novices de l'ordre du Saint
Efprit.

5. Figure jufte de la véritable plume de héron, qui eft
fort rare.

PLANCHE III.

Fig. 1. Grandes plumes d'autruche liées par paquets,
pour être dégraiffées.

N° 2. Plume d'autruche difpofée pour être attachée au
paquet de la figure 1.

2. Grande plume d'autruche dégraiffée & non décou-
pée.

3. Plume de paon à fa premiere préparation.

4. Petite plume d'autruche dégraiffée.

5. Petites plumes d'autruche liées enfemble pour le
dégraiffage.

6. Plumes de coq treffées pour le marchand.

7. Plumet de chapeau préparé.

8. Autre plumet de chapeau fini.

9. A, Plume de cigne. B, plume de héron.

PLANCHE IV.

Fig. 1. Aîle vue par dehors, pour les anges de la pro-
ceffion.

2. Carcaffe de l'aîle, pour faire voir la monture.

3. Autre aîle vue par dedans.

4. Tiffure de manchon de petites plumes.

5. Le manchon tout fini.

6. Tiffure de manchon de plumes de coq.

7. Le manchon tout fini.

8. Bonnet de plumes de héron.

9. Autre bonnet de plumes à l'indienne.

10. Panache de roi pour le théatre.

11. Panache de cheval.

12. Panache de dais.

13. Panache de mulet.

14. Aigrette de plumes de héron détachée du bonnet
de la *figure* 8.

15. Plume coupée pour les bonnets d'enfant.

16. Autre plume pour les bonnets, vue par derriere &
frifée.

17. La même plume vue par devant.

PLANCHE V.

Fig. 1. Barbes de plumes pour les dames.

2. Collier de plumes de coq.

3. Nœuds de manches.

4. Fontanges.

5. Plume & fultane.

6. Tulipe.

7. Feuille détachée de la tulipe.

8. Piece de plumes de coq.

9. Rofe de plumes.

10. 11. & 12. Bouquet de fleurs, anémone & œillet de
plumes.

13. Aigrette de plumes en épi de blé.

14. & 15. Nœuds de manches & collier de plumes fri-
fées.

16. Palatine de plumes de cigne.

17. Oifeau de plumes de différentes couleurs.

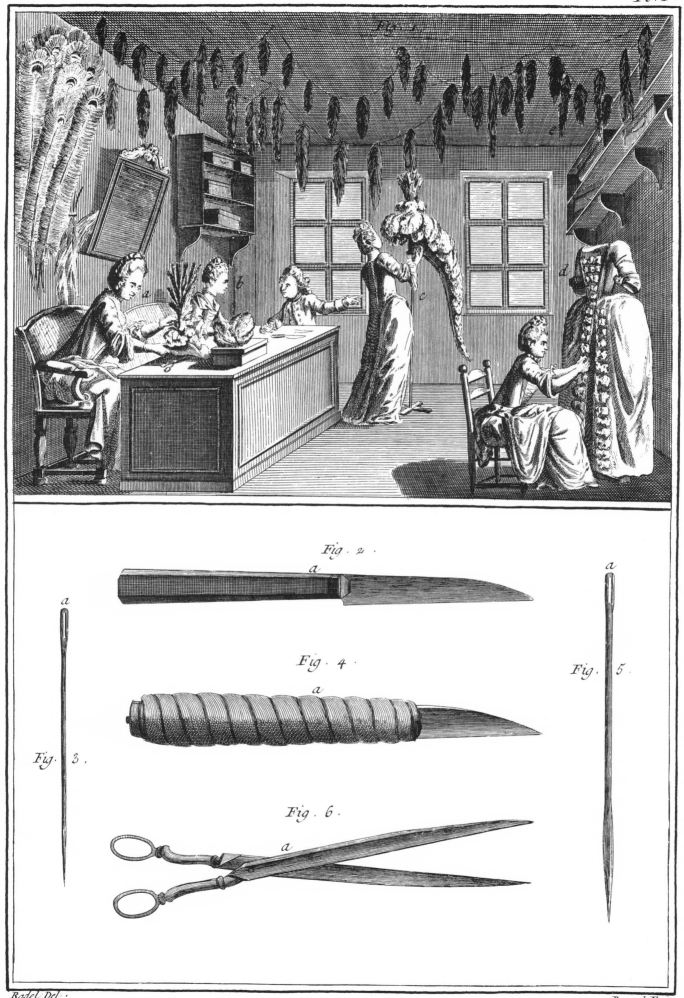

Pl. 1.

Fig. 2.

a

Fig. 4.

a

a

Fig. 5.

a

Fig. 3.

Fig. 6.

a

Radel Del.

Benard Fecit.

Plumassier-Panachier, Différens Ouvrages et Outils.

Pl. II.

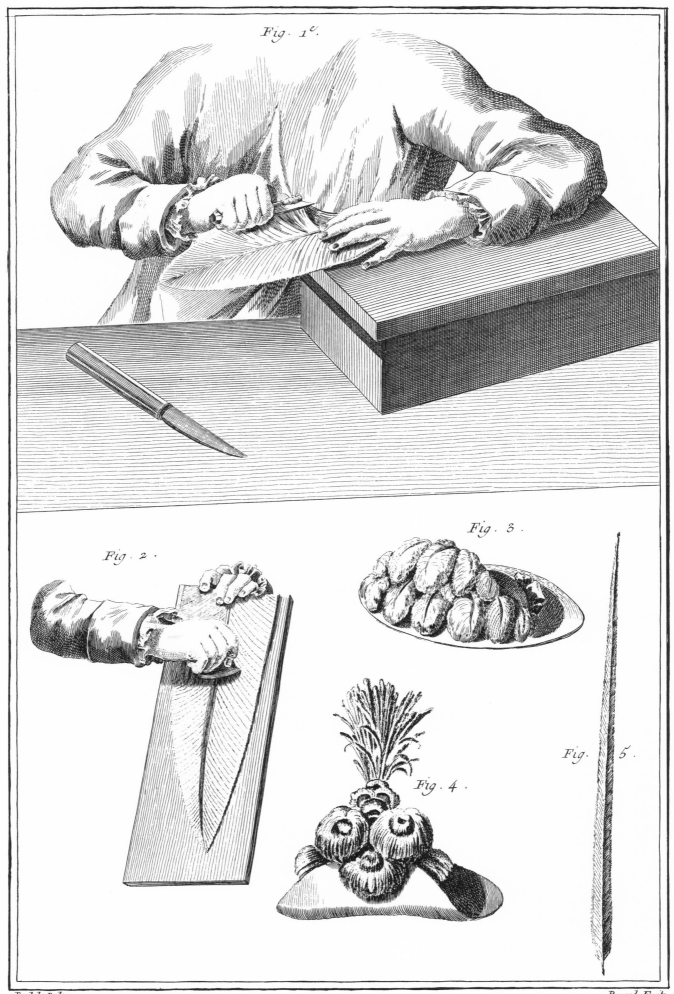

Fig. 1ᵉ.

Fig. 2.

Fig. 3.

Fig. 4.

Fig. 5.

Radel Del.

Benard Fecit.

Plumassier-Panachier, *Travail des Plumes pour les racler et les friser.*

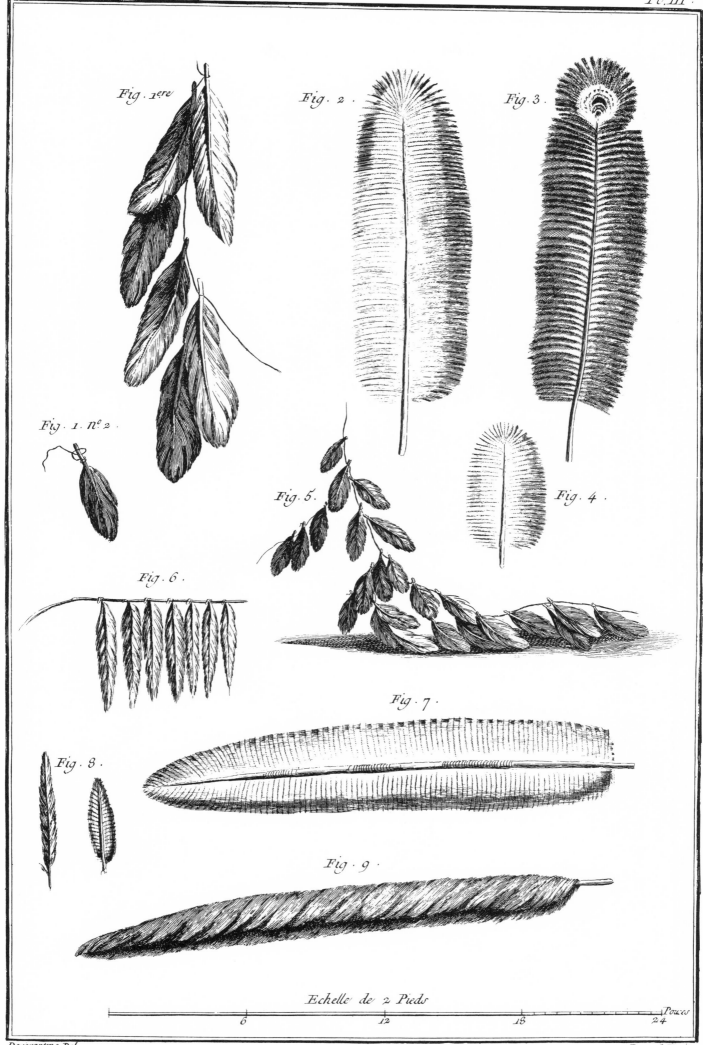

Pl. III.

Fig. 1ere

Fig. 2

Fig. 3

Fig. 1. No. 2.

Fig. 5

Fig. 4

Fig. 6

Fig. 7

Fig. 8

Fig. 9

Echelle de 2 Pieds

6   12   18   *Pouces* 24

Deyerantins Del.

Benard Fecit.

Plumassier, Différentes sortes de Plumes et leurs préparations.

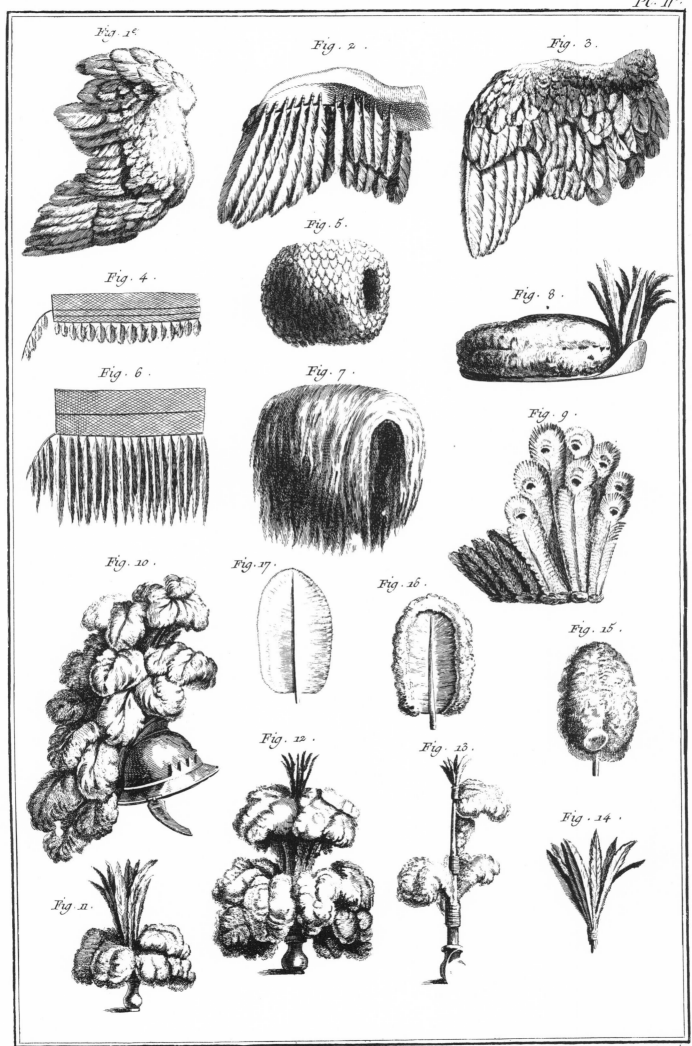

Pl. II.

Fig. 1.ᵉ   Fig. 2.   Fig. 3.

Fig. 4.   Fig. 5.   Fig. 8.

Fig. 6.   Fig. 7.   Fig. 9.

Fig. 10.   Fig. 17.   Fig. 16.   Fig. 15.

Fig. 12.   Fig. 13.   Fig. 14.

Fig. 11.

Pegerantins Del.   Benard Fecit.

Plumassier, Différens Ouvrages du Plumassier-Panachier

Pl. V.

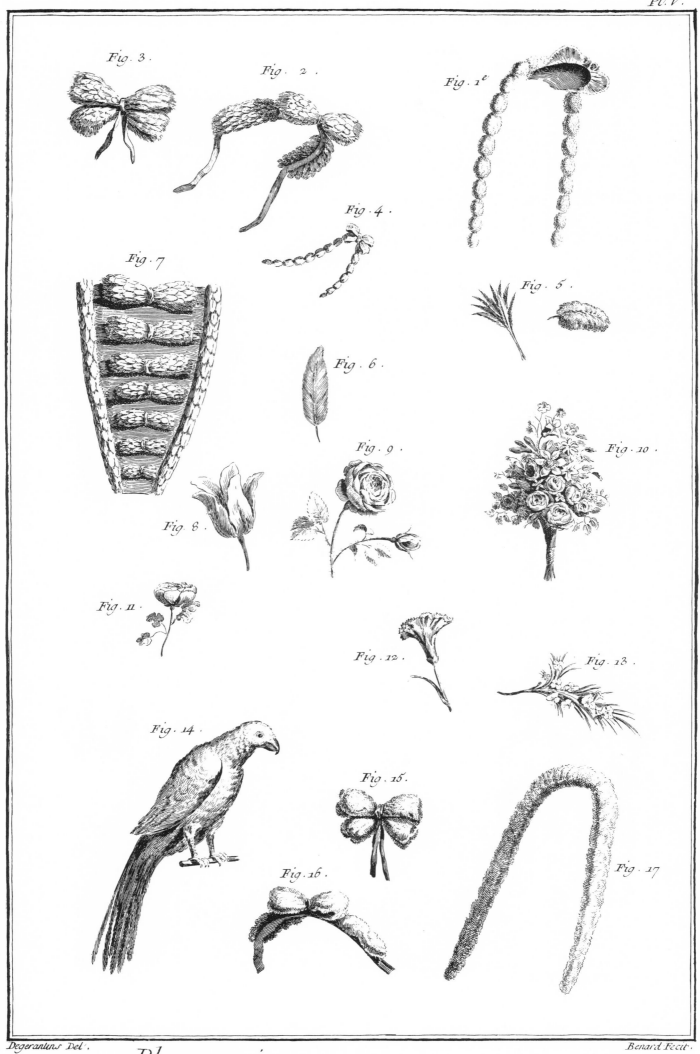

Fig. 3. Fig. 2. Fig. 1e Fig. 4. Fig. 7 Fig. 5. Fig. 6. Fig. 9. Fig. 10. Fig. 8. Fig. 11. Fig. 12. Fig. 13. Fig. 14. Fig. 15. Fig. 16. Fig. 17.

Degeranlins Del.

Benard Fecit.

Plumassier, Différens Ouvrages de Plumes.

TAILLEUR D'HABITS ET TAILLEUR DE CORPS,

CONTENANT VINGT-QUATRE PLANCHES.

PLANCHE Iere.

LE haut de cette Planche repréfente un attelier de tailleur, où plufieurs ouvriers font occupés ; les uns en *a* & en *b*, à coudre & joindre des étoffes ; un autre en *c*, à prendre mefure ; & un autre en *d*, à couper.

Fig. 1. Porte-chandelier. A, le chandelier. B B, les cafes propres à contenir les fils, aiguilles, cire, &c. & tous autres uftenfiles. C, tiroir.
2. Grands cifeaux. A A, les mors. B B, les anneaux.
3. Cifeaux moyens. A A, les mors. B B, les anneaux.
4. Petits cifeaux. A A, les mors. B B, les anneaux.
5. Chandelier. A, le pié. B, la bobeche.

PLANCHE II.

Fig. 1. Craquette plate propre à paffer les boutonnieres. A, le fer. B, la fente pour les boutonnieres. C le manche.
2. Craquette triangulaire. A, le fer. B, la fente. C, le manche.
3. Poinçon aigu pour faire des trous dans l'étoffe. A, le poinçon. B, l'anneau.
4. Poinçon cambré. A, le poinçon. B, l'anneau.
5. 6. & 7. Aiguilles de différentes groffeurs. A A A, les têtes. B B B, les pointes.
8. Filier dégarni. A, le filier. B, l'étui ; il fert à contenir le fil.
9. Filier garni. A. le filier garni de fil ou de foie. B, l'étui.
10. Dé fermé.
11. Dé ouvert.
12. Grand carreau, efpece de fer à repaffer. A, le carreau. B, le manche.
13. Petit carreau. A, le carreau. B, le manche.
14. Chanteau, morceau d'étoffe qui prend différentes formes felon les places qu'il doit occuper dans un habit, lorfque cette étoffe n'eft point affez étendue.
15. Patira, plufieurs lifieres réunies & coufues enfemble formant une efpece d'étoffe fur laquelle on unit les galons.
16. Petit billot pour applatir les coutures tournantes.
17. Paffe-carreau deftiné au même ufage.
18. Poids pour mettre les étoffes en preffe & leur donner les bons plis. A A, les cerces. B, le poids. C, l'anneau.

PLANCHE III.

Fig. 1. Morceau de craie pour tracer fur les étoffes.
2. & 3. Echevaux de fil & de foie.
4. & 5. Soies & fils en plotes.
6. & 7. Fil ou foie coupés par aiguillées, le premier natté, & le fecond enveloppé de papier.
8. Marquoir. A, la pointe. B, le manche.
9. Pouffoir. A, les pointes. B, le manche.
10. Porte-feuille rempli d'échantillons d'étoffe que l'on porte en ville. A A, les échantillons.
11. Tableau d'échantillons. A A, les boucles pour le fufpendre dans l'attelier. B B, les échantillons.
12. Etabli du tailleur. A A, la table. B B B, les piés. C C C, les rideaux.
13. & 14. Tréteaux de l'établi. A A, les piés. B B, les traverfes. C C, les barres. D D, les fupports.
N°. 8.

PLANCHE IV.

Fig. 1. Rouleau de drap de cinq quarts de largeur, fur lequel font tracées quelques pieces d'un habillement. Comme l'étoffe eft toujours doublée l'endroit en-dedans & l'envers en-dehors, il n'eft befoin que de tracer une feule piece pour avoir l'autre dans celui qui lui eft oppofé. A, devant d'habit. B, devant de culotte. C, derriere d'habit. D, derriere de culotte. E, deffus de manche. F, deffous de manche. G, patte de poche. H, chanteau. I I, rouleau de bois fur lequel on roule quelquefois l'étoffe. K, l'étoffe.
2. Rouleau d'étoffe unie brodée ou non brodée en foie, or ou argent, de demi-aune de largeur, fur lequel font tracées des pieces d'habit. L'étoffe étant fimple, il faut prendre en longueur ce qu'on ne peut prendre en largeur. A A, devants d'habit. B B, deffous de manche. C, portion de derriere d'habit. D D, rouleau de bois, fur lequel on roule quelquefois l'étoffe avec papier fur l'endroit lorfqu'elle eft de prix. E, l'étoffe.
3. Mefure d'habit. A A A, moitié de la groffeur du corps par en-haut. A A B, moitié de la groffeur du corps au milieu. A A C, moitié de la groffeur du corps à la ceinture. A A D, moitié de la groffeur du bras proche l'épaule. A A E, moitié de la groffeur du bras proche le coude. A A F, largeur de la demi-carrure par-devant. A A G, largeur de la demi-carrure par-derriere. A A H, longueur de la manche jufqu'au coude. A A I, longueur totale de la manche jufqu'au poignet. A A K, longueur de la taille. A A L, longueur du derriere. A A M, longueur du devant.
4. Mefure de vefte. A A A, moitié de la groffeur du corps à l'eftomac. A A B, moitié de la groffeur du corps au ventre. A A C, moitié de la groffeur du corps à la ceinture. A A D, longueur de la taille. A A E, longueur de la vefte.
5. Mefure de culotte. A A A, moitié de la groffeur du haut de la cuiffe. A A B, moitié de la groffeur du milieu de la cuiffe. A A C, moitié de la groffeur du genou. A A D, longueur de la culotte. A A E. moitié de la ceinture.
6. Aune vue d'un côté, divifée par tiers, demi-tiers, douzieme & vingt-quatrieme. C'eft ainfi qu'on nomme les divifions & fubdivifions en fait d'aunage.
7. La même aune vue de l'autre côté, divifée par moitié, quart, demi-quart & feizieme, divifions & fubdivifions convenues en fait d'aunage.

PLANCHE V.

Fig. 1. Habit. A, la taille. B, la bafque. C, les plis. D, la patte. E, la manche.
2. Vefte. A, la taille. B, la bafque de devant. C, la bafque de derriere. D, la patte. E, la manche.
3. Culotte. A A, les devants. B, la ceinture. C C, les poches. D D, les jarretieres.
4. Culotte à pont ou à la bavaroife. A A, les devants. B, la ceinture. C C, les poches. D, le pont. E E, les jarretieres.
5. Soutane. A A, la foutane. B B, les manches. C, le collet.
6. Manteau long d'abbé. A, le manteau. B, le collet.
7. Manteau court d'abbé. A, le manteau. B, le collet.
8. Redingotte. A A, la taille. B B, les manches. C, le collet.

9. Robe de chambre. A , la robe. B , la manche.
10. Robe de palais. A , la robe. B , la manche.
11. Gillet ou petite vefte fans bafques. A , la taille. B ,
la manche.
12. Fraque , efpece d'habit de nouveau genre. A , la
taille. B , la bafque. C , les plis. D , la poche. E , la
manche. F , le collet.

P L A N C H E   VI.

Pieces détaillées d'un habit.

Fig. 1. & 2. Devant d'habit. A A , les collets. B B , les
épaulettes. C C , les échancrures des manches. D
D , la taille. E E , les plis. F F , les poches. G G ,
les bafques. H H , manque d'étoffe.
3. & 4. Cran , morceau de bougran deftiné à foutenir le
point de réunion des plis.
5. & 6. Chanteurs d'habit, morceaux d'étoffe femblable à celle de l'habit deftiné à remplir ce qui lui
manque, comme en H H , *fig.* 1. & 2.
7. & 8. Bordure de bougran que l'on met fur les bords
de l'habit entre l'étoffe & la doublure pour foutenir d'une part les boutons , & de l'autre les boutonnieres. A A , la partie du collet. B B , les bords.
9. & 10. Derriere de l'habit. A A , les collets. B B , les
épaulettes. C C , les échancrures des manches.
D D , la taille. E E , les plis. F F , les bafques. G G ,
manque d'étoffe.
11. & 12. Cran pour la réunion des plis de derriere.
13. Collet.
14. Deffus de manche d'habit.
15. Deffous de manche d'habit.
16. & 17. Pattes de poches.
18. 19. 20. & 21. Crans.
22. & 23. Poches d'habit.
24. & 25. Bottes de manches.

P L A N C H E   VII.

Pieces détaillées de vefte & culotte.

Fig. 1. & 2. Devants de vefte. A A , les collets. B B , les
épaulettes. C C , les échancrures. D D , la taille.
E E , les bafques. F F , les ouvertures de poches.
3. & 4. Bordure de bougran pour la vefte. A A , les
collets.
5. & 6. Deffus & deffous de manche de vefte.
7. & 8. Pattes de poches.
9. & 10. Crans de la vefte.
11. & 12. Derrieres de vefte. A A , les collets. B B , les
épaulettes. C C , les échancrures. D D , la taille.
E E , les bafques.
13. Cran du collet de derriere.
14. 15. 16. & 17. Crans.
18. & 19. Devants de culottes. A A , les parties de genou.
20. Patte du milieu.
21. Boucle de derriere. A , la boucle. B , la patte. C ,
l'arrêt.
22. & 23. Derrieres de culotte. A A , les deffous du genou.
24. & 25. Poches de culotte.
26. & 27. Jarretieres de culotte. A A , les boutonnieres
des boucles.
28. Moule de bouton.
29. Premiere opération de bouton d'étoffe , piece arrondie garnie de points autour.
30. Seconde opération. A , le moule. B , la partie d'étoffe pour former le bouton.
31. Troifieme & derniere opération , bouton fini.
32. & 33. Ceinture de la culotte. A A , les boutons.
B B , les boutonnieres.

P L A N C H E   VIII.

Fig. 1. & 2. Collet à la françoife.
3. & 4. Collet à l'allemande.
5. & 6. Collet à l'angloife.
7. & 8. Poches de fraque.
9. 10. & 11. Manches de fraque de différens goûts.

12. Vefte croifée. A , le collet. B B , les échancrures.
C C , les bafques. D , la partie croifée.
13. Grand patira. A A , les lifieres coufues enfemble.
14. Liffoir pour les culottes de peau.
15. Buiffe pour les culottes de peau.
16. Pont de culotte de peau. A A , les pattes. B , la
pointe. C C , les oreilles.
17. & 18. Poches de côté de culotte.
19. & 20. Grand & petit gouffet de culotte.
21. & 22. Poches de devant de culotte.

P L A N C H E   IX.

Points de couture.

Fig. 1. 2. & 3. Elévation & places de deffus & de deffous du point de devant en piquant les deux étoffes de haut-en-bas & de bas-en-haut.
4. 5. & 6. Point de côté ramenant le fil en-deffous
par-dehors , après avoir piqué les deux étoffes.
7. 8. & 9. Point-arriere ou arriere-point, repiquant
de haut-en-bas au milieu du point-arriere , après
avoir piqué de bas-en-haut.
10. 11. & 12. Point lacé comme le point-arriere, au-lieu qu'il fe fait en deux tems, revenu en-haut on
ferre le point , & retournant l'aiguille on repique
en-arriere comme au précédent.
13. 14. & 15. Point à rabattre fur la main piquant le
haut-en-bas & de bas-en-haut en-avant les points
drus efpacés & également.
16. 17. & 18. Point à rabattre fous la main comme le
dernier , au-lieu qu'ayant percé l'étoffe fupérieure
on pique l'étoffe inférieure par-dehors , enfuite on
pique les deux en remontant.
19. 20. & 21. Point à rentraire comme le point à rabattre fur la main , fe faifant en deux tems , en
retournant l'aiguille ; avant tout il faut joindre à
point fimple les deux envers l'étoffe retournée ,
on ferre de ce point les deux retours , il faut pour
cela très-peu d'étoffe & les points très-courts.
   Le point perdu n'eft qu'un point-arriere ajouté
au précédent.
22. 23. & 24. Point traverfé , couture à deux fils croifés.
25. A premiere opération; point coulé ou la paffe, c'eft
la boutonniere tracée de deux fils. B , la paffe fermée du point de boutonniere. C , la paffe achevée
& terminée de deux brides à chaque bout que l'on
enferme de deux rangs de points noués.

P L A N C H E   X.

Fig. 1. 2. & 3. Points noués fimples de neuf différentes
formes.
4. Points noués doubles de trois différentes fortes.
5. 6. & 7. Points croifés fimples & doubles de neuf différentes fortes.

P L A N C H E   XI.

Fig. 1. Etoffe de drap de trois aunes & demie, contenant la diftribution des pieces qui compofent l'habit , vefte & culotte.
2. Drap de trois aunes pour habit & vefte feulement.
3. Drap de deux aunes & demie pour habit & culotte.
4. Drap de demi-aune pour culotte feulement. A,
devant d'habit. B, derriere d'habit. C, devant de
vefte. D , derriere de vefte. E , manche d'habit.
F , manche de vefte. G , patte d'habit. H, patte de
vefte. I , parement de manchette d'habit. K , chanteau. L , devant de culotte. M , derriere de culotte.

P L A N C H E   XII.

Fig. 1. Drap d'une aune & demie pour vefte & culotte.
2. Drap d'une aune trois quarts pour fraque feul.
3. Drap de deux aunes pour habit feul.
4. Drap d'une aune pour vefte feule.
5. Drap de deux aunes & demie pour redingotte.
6. Drap de deux tiers pour vefte fans manche. A ,
devant de vefte. B , derriere de vefte. C , devant

de culotte. D, deſſus de culotte. E, derriere de manche. F, deſſous de manche. G, patte de poche. H, devant de fraque. I, derriere de fraque. K, parement. L, collet de fraque. M, devant d'habit. N, derriere d'habit. O, chanteau. P, devant de redingotte. Q, derriere de redingotte. R, collet de redingotte. S, devant de veſton. T, derriere de veſton. V, baſques de veſton.

PLANCHE XIII.

Fig. 1. Drap de deux aunes trois quarts pour roquelaure avec manches. A, devant. B, derriere. C C, chanteaux. D, deſſus de manche. E, deſſous de manche. F, collet. G G, paremens.

2. Demi-aune de drap pour collets de roquelaure. A, le ſupérieur. B, l'inférieur.

3. Une aune trois quarts de drap pour ſoutanelle. A, le devant. B, le derriere. C, la patte. D, le deſſous de la manche. E, le deſſus de la manche. F F, les paremens.

4. Une aune & demie de drap pour un volant. A, le devant. B, le derriere. C, le deſſus de la manche. D, le deſſous de la manche. E E, les paremens.

5. Trois aunes & un tiers de drap pour ſoutane. A, le devant. B, le derriere. C C, les chanteaux. D D, les paremens. E, le deſſus de la manche. F, le deſſous de la manche.

PLANCHE XIV.

Fig. 1. Quatre aunes de drap dépliées pour manteau. A B, les deux parties latérales, la couture au milieu du dos. C C, le collet en deux parties.

2. Trois aunes un tiers d'étoffe étroite de demi-aune de largeur pour robe de chambre. A, le devant. B, le derriere. C, le deſſus de manche. D, le deſſous de manche. E, le chanteau. F F, les paremens.

3. Quatre aunes de voile ou taffetas pour manteau d'abbé. A A, les parties du manteau. B, le chanteau. C C, le collet.

PLANCHE XV.

Fig. 1. 2. 3. & 4. Neuf aunes & demie d'étoffe de ſoie pour habit, veſte & culotte. A A, les devants d'habit. B B, les chanteaux des plis de devant d'habit. C C, les derrieres d'habit. D D, les chanteaux des plis de derriere d'habit. E E, les devants de veſte. F F, les deſſus de manche d'habit. G G, les deſſous de manche d'habit. H H, &c. les paremens des manches. I I, les pattes d'habit. K K, les derrieres de veſte. L L, les deſſus de manche de veſte. M M, les deſſous de manche de veſte. N N, les devants de culotte. O O, les derrieres de culotte. P P, les pattes de veſte.

5. & 6. Deux aunes deux tiers d'étoffe de ſoie pour veſte ſeule. A A, les devants. B B, les derrieres. C C, les deſſus de manche. D D, les deſſous de manche. E E, les pattes.

PLANCHE XVI.

Fig. 1. & 2. Huit aunes d'étoffe de ſoie pour habit & veſte ſeulement, dont ces deux figures repréſentent la moitié.

3. Cinq aunes un tiers d'étoffe de ſoie pour habit ſeulement, dont la figure repréſente la moitié.

4. Six aunes deux tiers pour habit & culotte, dont la figure repréſente la moitié.

5. Quatre aunes d'étoffe de ſoie pour veſte & culotte, dont la figure repréſente la moitié.

6. Une aune & demie d'étoffe de ſoie pour culotte, dont la figure repréſente la moitié. A, devant d'habit. B, derriere d'habit. C, chanteaux des plis de devant d'habit. D, chanteaux des plis de derriere d'habit. E, devant de veſte. F, derriere de veſte. G, deſſus de manche d'habit. H, deſſous de man-

che d'habit. I, parement de manche. K, deſſus de manche de veſte. L, deſſous de manche de veſte M, patte d'habit. N, patte de veſte. O, devant de culotte. P, derriere de culotte. Q, ceinture de culotte. R, patte de devant de culotte.

PLANCHE XVII.

Fig. 1. Deux aunes d'étoffe de ſoie pour veſton, dont la figure montre la moitié.

2. Quatre aunes & demie d'étoffe de ſoie pour fraque ſeul, dont la figure fait voir la moitié.

3. Six aunes & demie d'étoffe pour redingotte, dont la figure fait voir la moitié.

4 Sept aunes d'étoffe pour roquelaure, dont la figure fait voir la moitié.

5. Demi-aune d'étoffe pour camiſole, dont la figure fait voir la moitié.

6. Deux tiers d'étoffe pour gillet, dont la figure fait voir la moitié.

7. Deux aunes d'étoffe pour ſoutanelle, dont la figure fait voir la moitié. A, devant de fraque. B, derriere de fraque. C, chanteaux. D, parement. E, deſſous de manche. G, collet. H, patte de poche. I, devant de veſton. K, derriere de veſton. L, devant de redingotte. M, derriere de redingotte. N, devant de roquelaure. O, derriere de roquelaure. P, devant de camiſole. Q, derriere de camiſole. R, devant de gillet. S, derriere de gillet. T, devant de ſoutanelle. V, derriere de ſoutanelle.

PLANCHE XVIII.

Fig. 1. & 2. Neuf aunes & un tiers d'étoffe pour ſoutane, dont les figures font voir la moitié. A, devant de la ſoutane. B, derriere de la ſoutane. C, deſſous de manche. D, deſſus de manche. E E, paremens. F, chanteau de devant. G, chanteau de derriere.

3. Six aunes & demie d'étoffe pour robe de chambre d'homme, dont la figure ne montre que la moitié. A, devant de la robe. B, derriere de la robe. C, chanteau de devant. D, chanteau de derriere. E, collet. F, Manche. G, parement.

4. & 5. Sept aunes deux tiers d'étoffe pour robe de palais, dont la figure montre la moitié. A, le devant. B, le derriere. C, chanteau de devant. D, chanteau de derriere. E, manche. F, botte.

PLANCHE XIX.

Seize aunes & demie d'étoffe pour manteau long d'abbé. A A, &c. les pieces du manteau. B B, le collet. C, le chanteau.

PLANCHE XX.

Tailleur de corps.

Fig. 1. Corps fermé par-devant vu de face en-dehors, avec lacet de treſſe. A, le lacet. B B, les devants. C C, les derrieres. D D, les épaulettes. E E, les baſques. F F, bordures couvrant les œillets du lacet.

2. Corps ouvert à la ducheſſe vu de face. A A, les devants. B B, les derrieres. C, le lacet à la ducheſſe. D D, les épaulettes. E, les baſques.

3. & 4. Derriere de corps fermé ou ouvert. A A, les derrieres. B B, les épaulettes. C C, les échancrures. D D, les baſques.

5. & 6. Devant de corps fermé. A A, partie de la carture. B B, les devants. C C, la pointe. D D, les épaulettes. E E, les échancrures. F F, les baſques.

7. & 8. Devant de corps ouvert. A A, les œillets. B B, les épaulettes. C C, les échancrures. D D, les baſques. E E, la pointe.

PLANCHE XXI.

Fig. 1. & 2. Patron de devants de corps à l'angloiſe,

fermé par-devant. A A, parties de la carrure. B B, les devants. C C, la pointe. D D, les épaulettes. E E, les échancrures. F F, les basques. G G, bordures couvrant les œillets.

3. & 4. Patron de derriere de corps à l'angloise. A A, les derrieres. B B, les épaulettes. C C, les échancrures. D D, les basques.

5. & 6. Patron de devants de corps à la françoise, fermé par-devant. A A, les devants. B B, la pointe. C C, les épaulettes. D D, les échancrures. E E, les basques.

7. & 8. Patron de derriere de corps à la françoise. A A, les derrieres. B B, les épaulettes. C C, les échancrures. D D, les basques.

9. & 10. Patrons de devants de corps à l'angloise, ouvert par-devant. A A, les devants. B B, la pointe. C C, les épaulettes. D D, les échancrures. E E, les basques.

11. & 12. Patrons de derriere de corps à l'angloise. A A, les derrieres. B B, les épaulettes. C C, les échancrures. D D, les basques.

PLANCHE XXII.

Fig. 1. & 2. Patrons de devants de corps à la françoise, ouvert par-devant. A A, les devants. B B, la pointe. C C, les épaulettes. D D, les échancrures. E E, les basques.

3. & 4. Patron de derriere de corps à la françoise, ouvert par-devant. A A, les derrieres. B B, les épaulettes. C C, les échancrures. D D, les basques.

5. Maniere de prendre mesure de corps. A B, premiere opération depuis le milieu du dos jusqu'au coin de l'épaulette. C D, deuxieme opération, la carrure du devant. A D, troisieme opération depuis le dos jusqu'au devant par le haut. E F, quatrieme opération, largeur de la taille par le bas. G H, cinquieme opération, longueur de la taille depuis le haut du dos jusqu'à la hanche. D I, sixieme & derniere opération, longueur du devant.

6. Profil d'un corps à demi baleiné, dit corset baleiné.
7. Profil d'un corps à baleines pleines.
8. Corps vu de profil intérieurement pour montrer la disposition des garnitures.
9. Corps vu de face intérieurement, pour montrer la disposition des baleines de dressage.

PLANCHE XXIII.

Fig. 1. Grand corps de cour ou de grand habit de cour vu de profil.

2. Corps pour les femmes qui montent à cheval vu de profil.

3. Corps pour les femmes enceintes se laçant par les deux côtés en A.

4. Corps de fille.

5. Corps de garçon.

6. Corps de garçon à sa premiere culotte.

7. & 8. Buscs de baleine qui se glissent dans l'épaisseur du devant du corps. A A, les boucles pour les retirer.

9. Lacet de côté ferré. A A, afferons.

10. Lacet de tresse ferré. A, l'afferon.

11. Mesure de corps.

12. & 13. Baleines de diverses grosseurs pour garnir.

14. Façon de former l'œillet. A, premiere opération, le trou fait au poinçon dans l'épaisseur du corps. B, seconde opération, les premiers points fichés. C, troisieme & derniere opération, l'œillet fini.

PLANCHE XXIV.

Fig. 1. Corps ouvert par-devant avec lacet à la duchesse.

2. Dessous de manche de corset.

3. Dessus de manche de corset.

4. & 5. Devant & derriere de corset.

6. & 7. Patrons de devant & de derriere de corset.

8. Bas de robe de cour ou de grand habit.

9. Jaquette ou fourreau pour les garçons.

10. & 11. Fausses - robes pour les filles.

✿✿✿

TAILLEUR D'HABITS ET DE CORPS,

CONTENANT une Planche.

FIGURE 1. Profil d'un derriere de justaucorps. C C, le cran.

2. Profil d'un devant de justaucorps. C, manche ; D, parement ; E, patte.

3. Profil d'un derriere de veste.

Fig. 4. Profil du devant. c, manche de veste.

5. Couteau à baleines.

6. Poinçon pour faire les trous des œillets des corps. A, femme en corps vue par devant. B, femme en corps vue par derriere.

Fin de l'Explication des Planches.

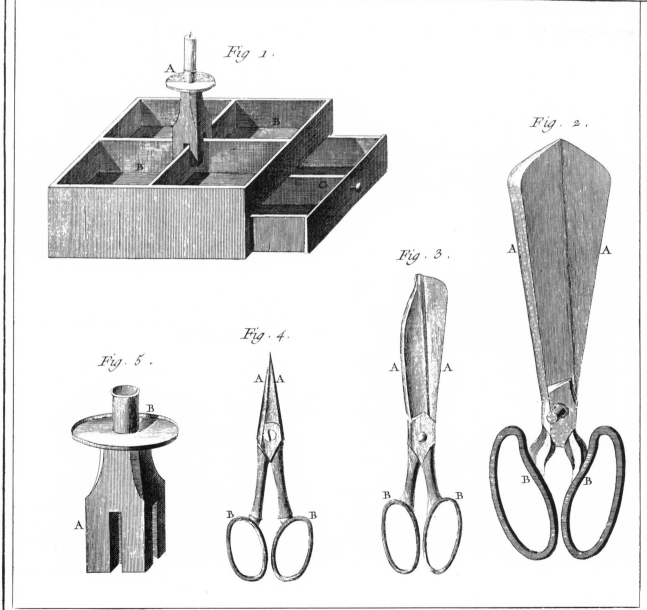

Fig. 1.

Fig. 2.

Fig. 3.

Fig. 4.

Fig. 5.

Tailleur d'Habits, Outils.

Pl. I.

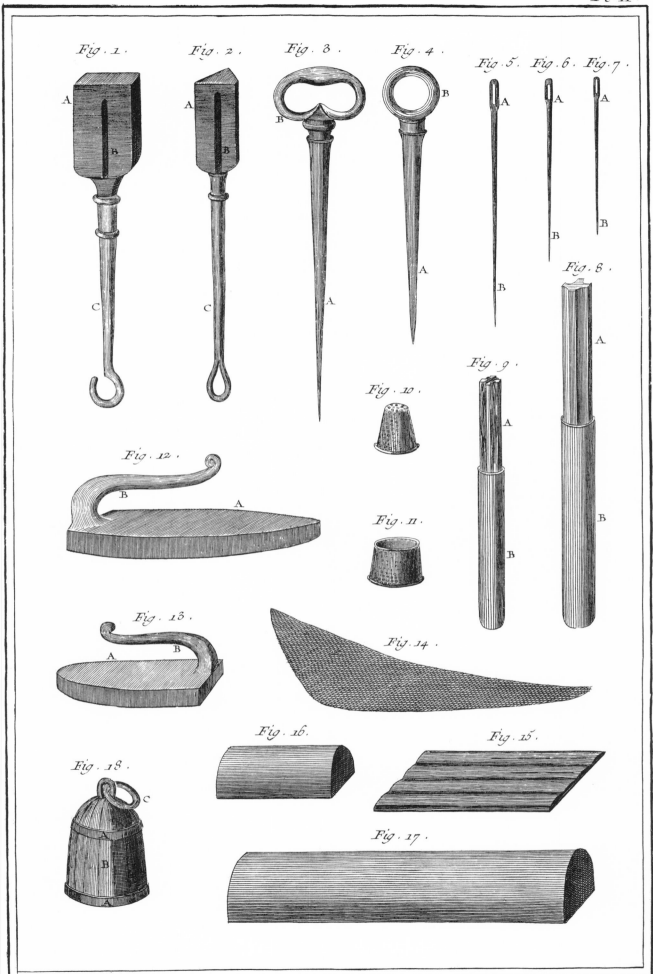

Pl. II.

Fig. 1. Fig. 2. Fig. 3. Fig. 4. Fig. 5. Fig. 6. Fig. 7.

Fig. 8.

Fig. 9.

Fig. 10.

Fig. 12.

Fig. 11.

Fig. 13.

Fig. 14.

Fig. 16. Fig. 15.

Fig. 18.

Fig. 17.

Lucotte Del.

Benard Fecit.

Tailleur d'Habits, Outils.

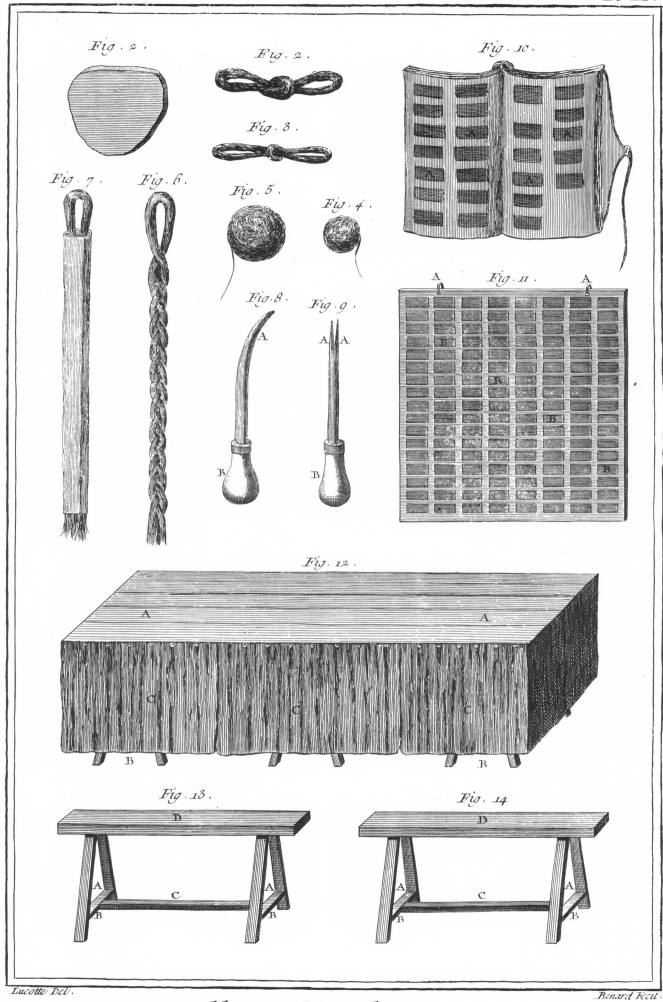

Pl. III.

Fig. 2. Fig. 2. Fig. 10.

Fig. 7. Fig. 6. Fig. 5. Fig. 4.

Fig. 3.

Fig. 8. Fig. 9. Fig. 11.

Fig. 12.

Fig. 13. Fig. 14.

Lucotte Del. Benard Fecit.

Tailleur d'Habits, outils.

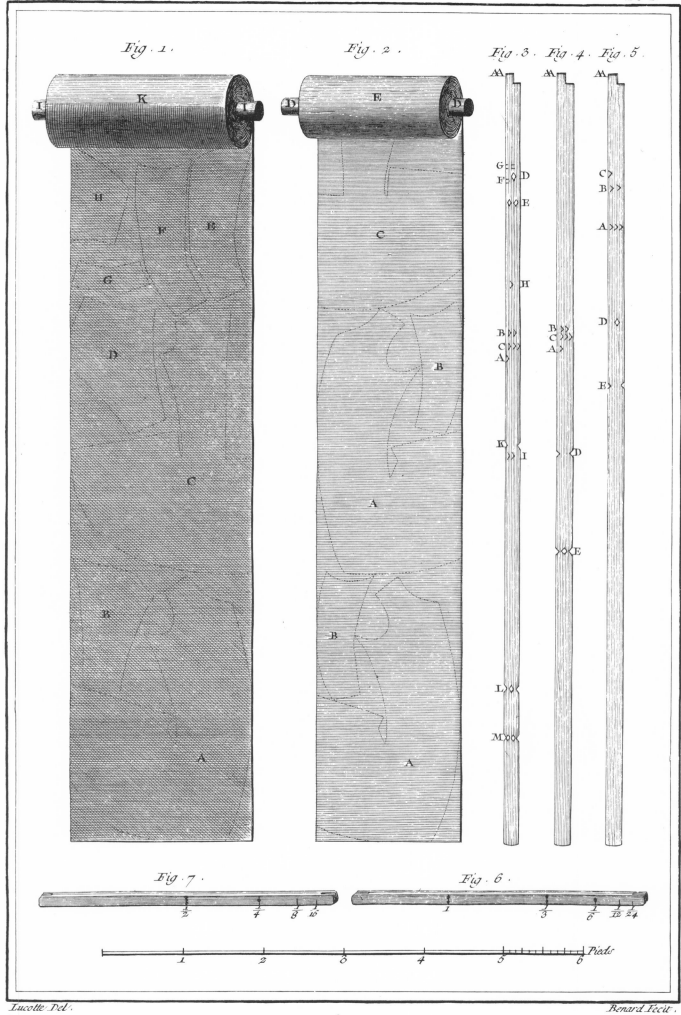

Pl. IV.

Fig. 1.   Fig. 2.   Fig. 3. Fig. 4. Fig. 5.

Fig. 7.   Fig. 6.

Tailleur d'Habits, Etoffes et mesures.

Lucotte Del.   Benard Fecit.

Pl. V.

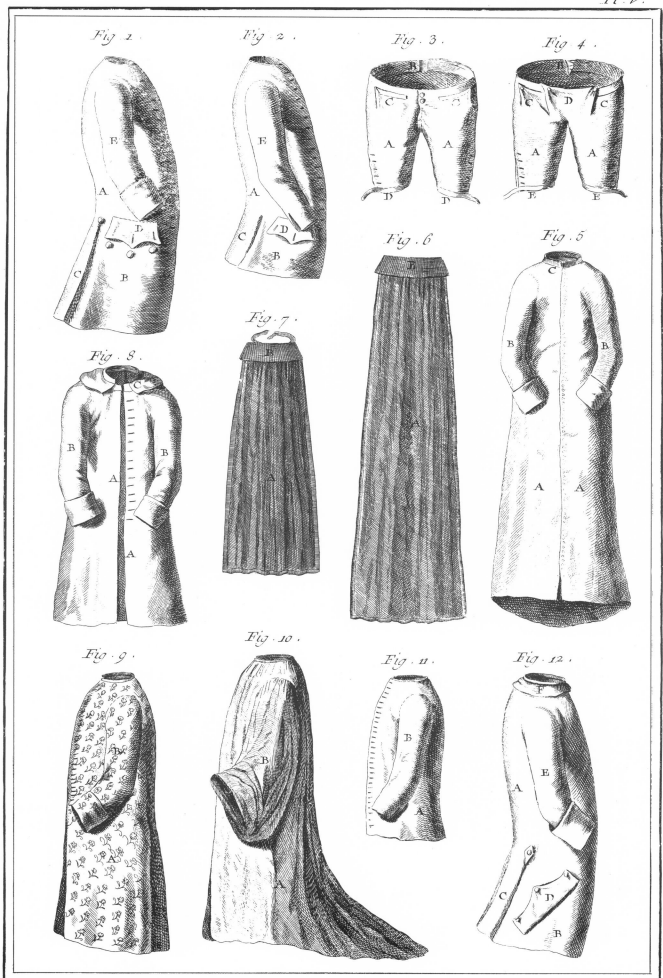

Fig. 1.

Fig. 2.

Fig. 3.

Fig. 4.

Fig. 6.

Fig. 5.

Fig. 7.

Fig. 8.

Fig. 9.

Fig. 10.

Fig. 11.

Fig. 12.

Lucotte Del.

Benard Fecit.

Tailleur d'Habits, Habillements actuels.

Pl. VI.

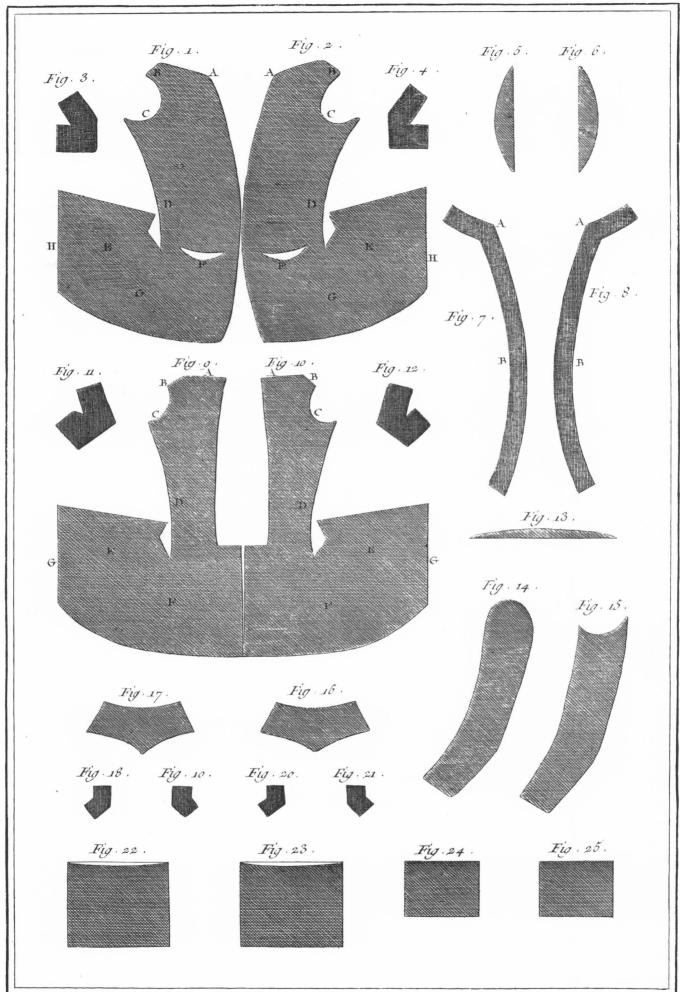

Tailleur d'Habits, Pieces détaillées d'un Habit.

Pl. VII.

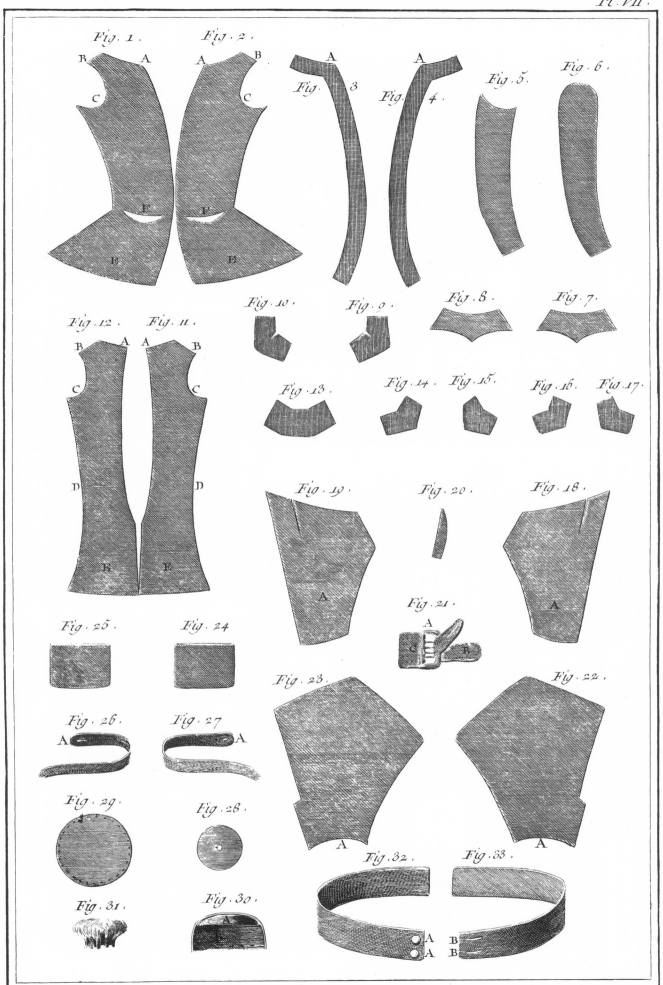

Fig. 1. Fig. 2. Fig. 3. Fig. 4. Fig. 5. Fig. 6. Fig. 7. Fig. 8. Fig. 9. Fig. 10. Fig. 11. Fig. 12. Fig. 13. Fig. 14. Fig. 15. Fig. 16. Fig. 17. Fig. 18. Fig. 19. Fig. 20. Fig. 21. Fig. 22. Fig. 23. Fig. 24. Fig. 25. Fig. 26. Fig. 27. Fig. 28. Fig. 29. Fig. 30. Fig. 31. Fig. 32. Fig. 33.

Lucotte Del.

Benard Fecit.

Tailleur d'Habits, Details.

Pl. VIII.

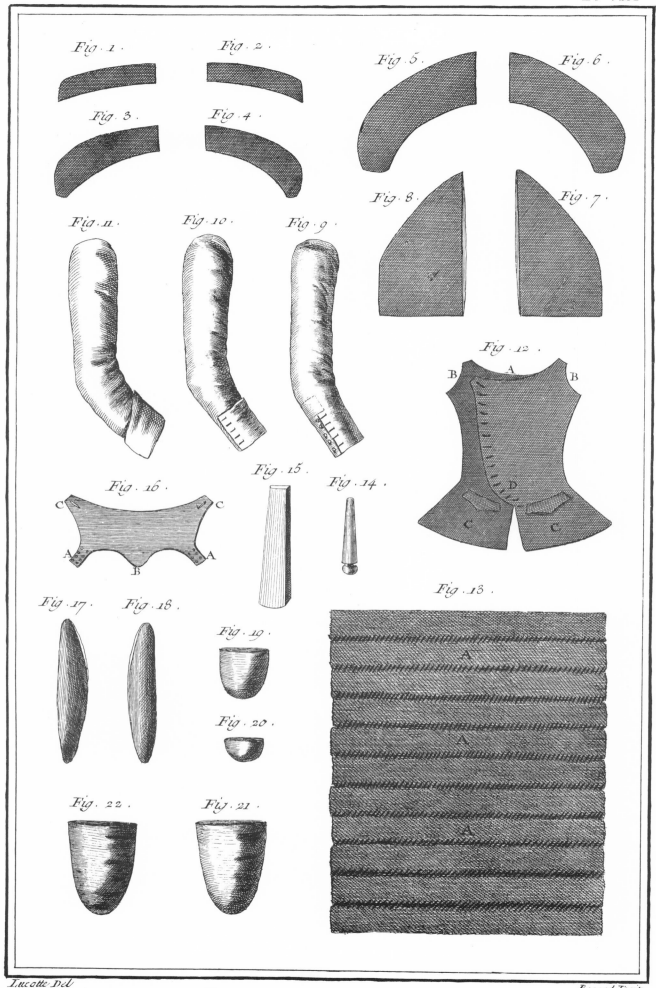

Fig. 1. Fig. 2. Fig. 5. Fig. 6.

Fig. 3. Fig. 4.

Fig. 8. Fig. 7.

Fig. 11. Fig. 10. Fig. 9.

Fig. 12.

B A B

D

C C

Fig. 16. Fig. 15. Fig. 14.

C C

A A

B

Fig. 13.

Fig. 17. Fig. 18.

Fig. 19.

A

Fig. 20.

A

Fig. 22. Fig. 21.

A

Lucotte Del. Benard Fecit.

Tailleur d'Habits, Differentes especes de Collets,
de Poches et de Manches de Fraque. Veste croisée, Patira, Goussets, Outils &c.

Pl. IX.

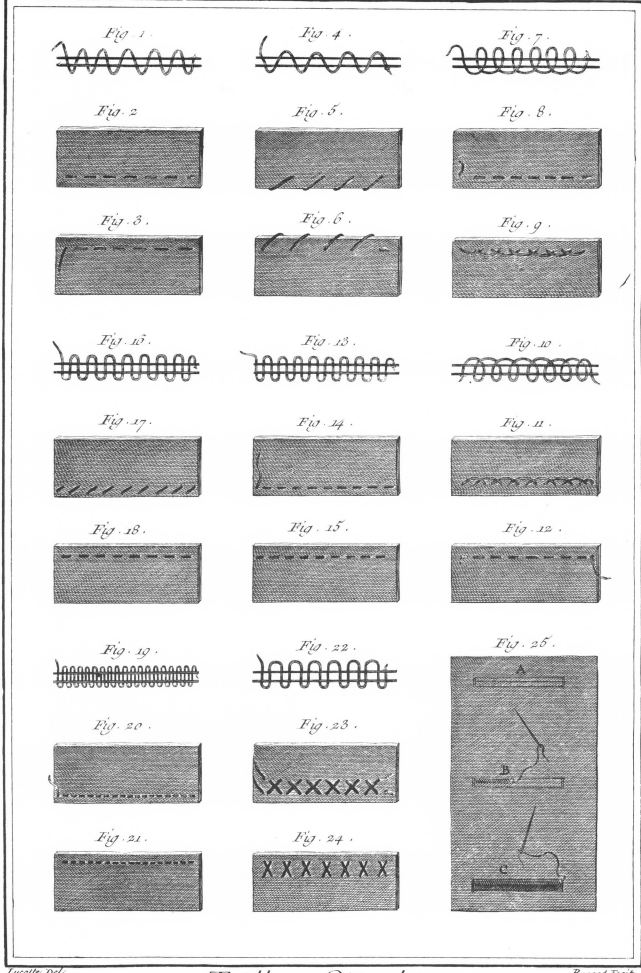

Fig. 1.

Fig. 4.

Fig. 7.

Fig. 2.

Fig. 5.

Fig. 8.

Fig. 3.

Fig. 6.

Fig. 9.

Fig. 16.

Fig. 13.

Fig. 10.

Fig. 17.

Fig. 14.

Fig. 11.

Fig. 18.

Fig. 15.

Fig. 12.

Fig. 19.

Fig. 22.

Fig. 25.

Fig. 20.

Fig. 23.

Fig. 21.

Fig. 24.

Lucotte Del.

Benard Fecit.

Tailleur d'Habits,

Points de Couture, les Points de devant, de Coté, l'Arrière Point, le Lassé,
le Point à Rabatre, à Rentraire, le Perdu, le Traversé, les Points Coulés et passés achevés

Pl. X.

Fig. 1.

Fig. 2.

Fig. 3.

Fig. 4.

Fig. 5.

Fig. 6.

Fig. 7.

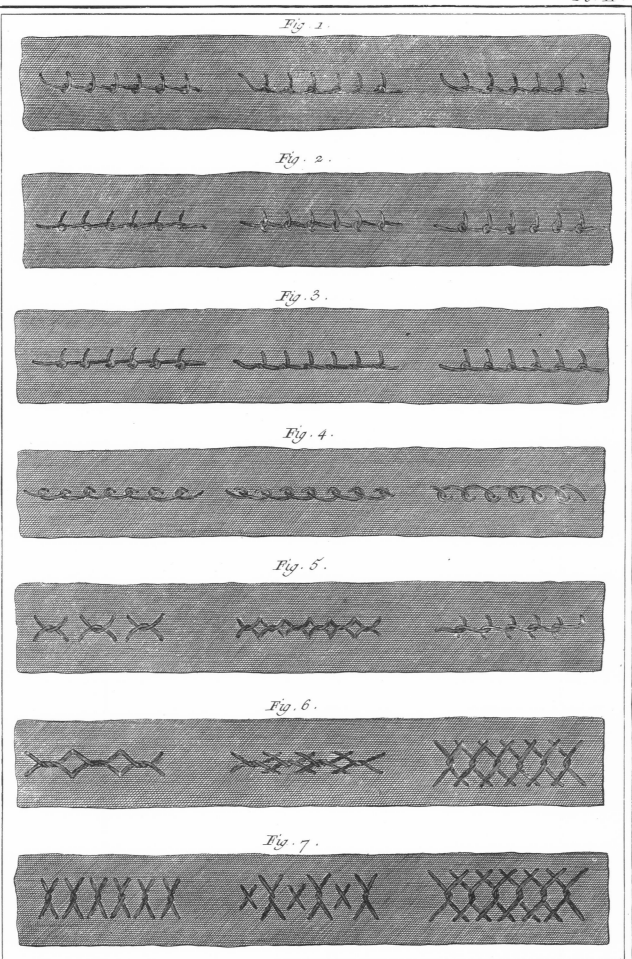

Tucotte Del.

Benard Fecit.

Tailleur d'Habits, Points noués simples de différentes formes,
Points noués doubles, et Points Croisés simples et doubles de différentes sortes.

Pl. XI.

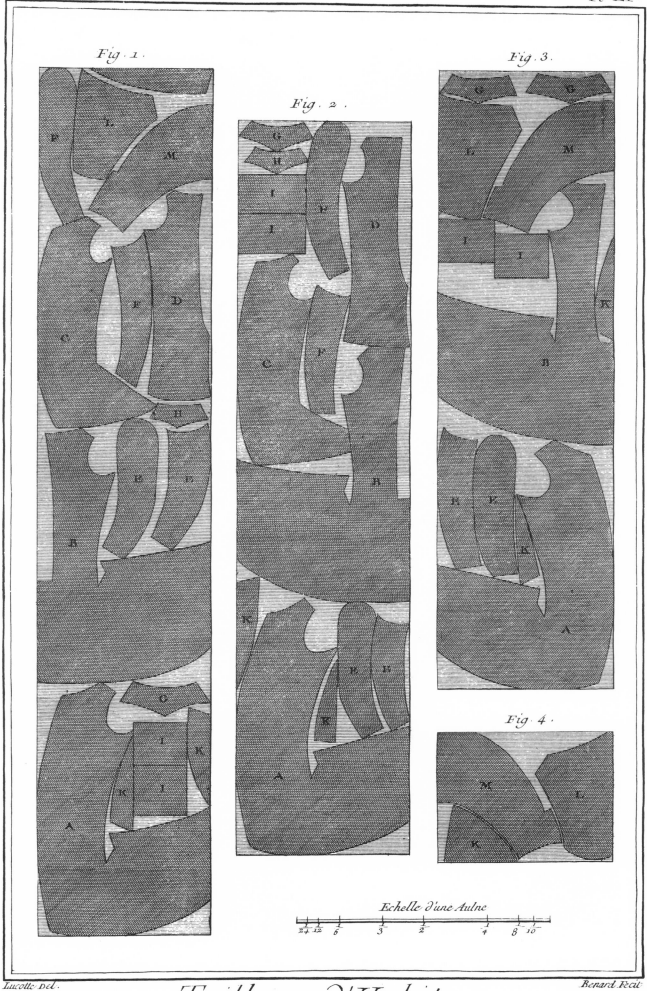

Fig. 1.

Fig. 2.

Fig. 3.

Fig. 4.

Echelle d'une Aulne

Lucotte Del.

Benard Fecit.

Tailleur d'Habits,

Différentes manieres de Couper l'Étoffe de Drap de différent Aulnage pour
Habit Veste et Culotte, pour Habit et Veste, pour Habit et Culotte, et pour Culotte seule.

Pl. XII.

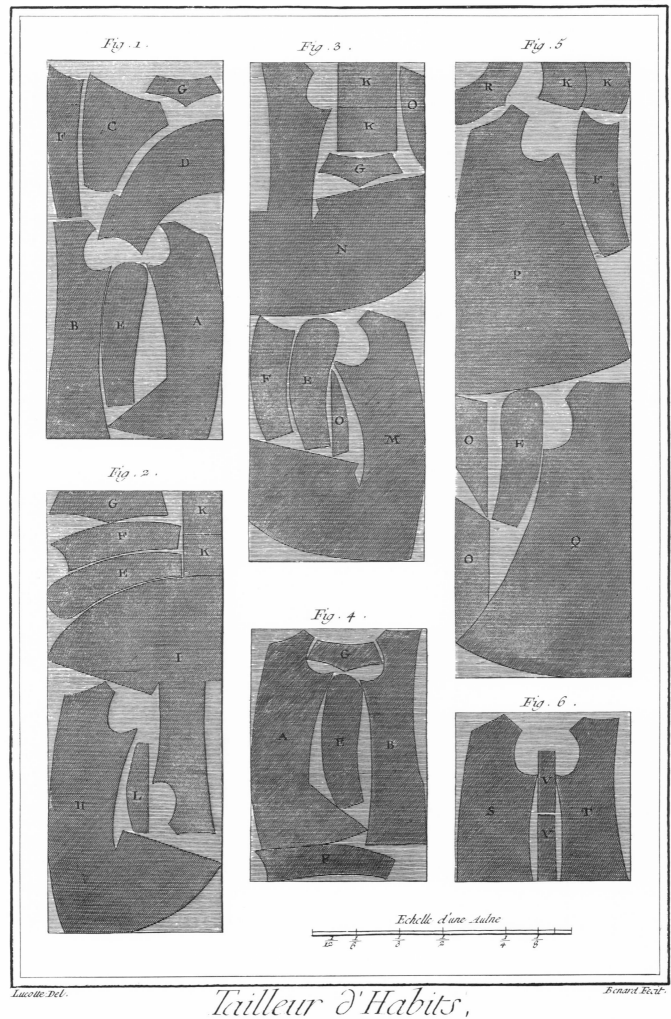

Fig. 1.

Fig. 2.

Fig. 3.

Fig. 4.

Fig. 5.

Fig. 6.

Echelle d'une Aulne

Lucotte Del.

Benard Fecit.

Tailleur d'Habits,

Différentes Manieres de couper l'Etoffe de Drap de différent aulnage, pour Veste et Culotte, pour Fraque seul, pour Habit seul, pour Veste seule, pour Redingotte et pour Veste sans manches.

Pl. XIII.

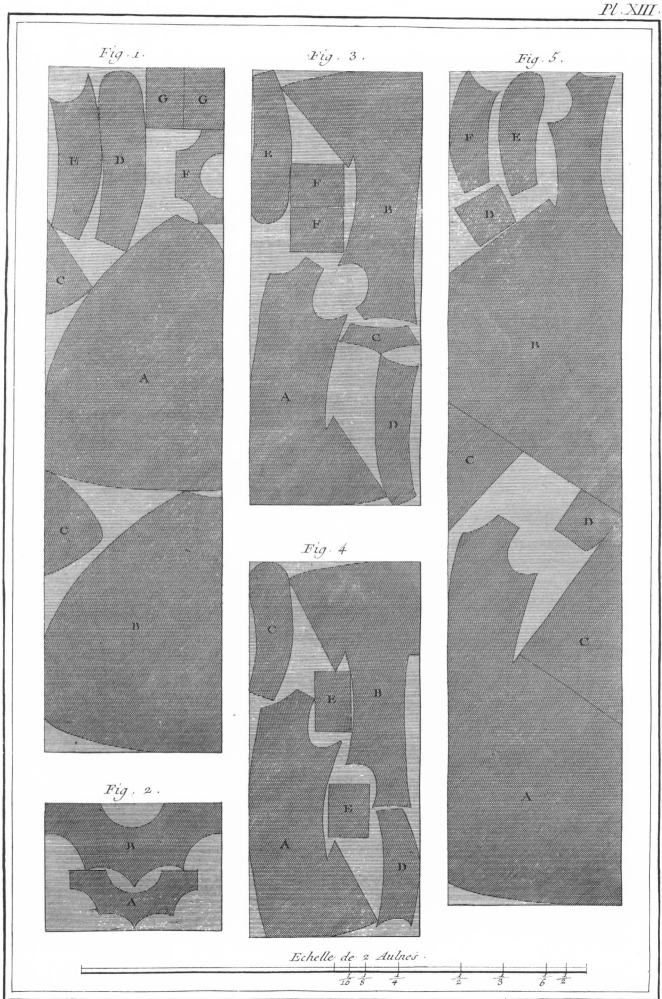

Fig. 1.

Fig. 3.

Fig. 5.

Fig. 4.

Fig. 2.

Echelle de 2 Aulnes.

$\frac{1}{10}$ $\frac{1}{8}$ $\frac{1}{4}$ $\frac{1}{2}$ $\frac{1}{3}$ $\frac{1}{6}$ $\frac{1}{2}$

Tucotte Del.

Benard Fecit

Tailleur d'Habits,

Étoffe de Drap de différent Aulnage pour Roquelaure et Collets, pour Soutanelle, Volant, et Soutanne.

Pl. XIV.

Fig. 1.

Fig. 2.

Fig. 3.

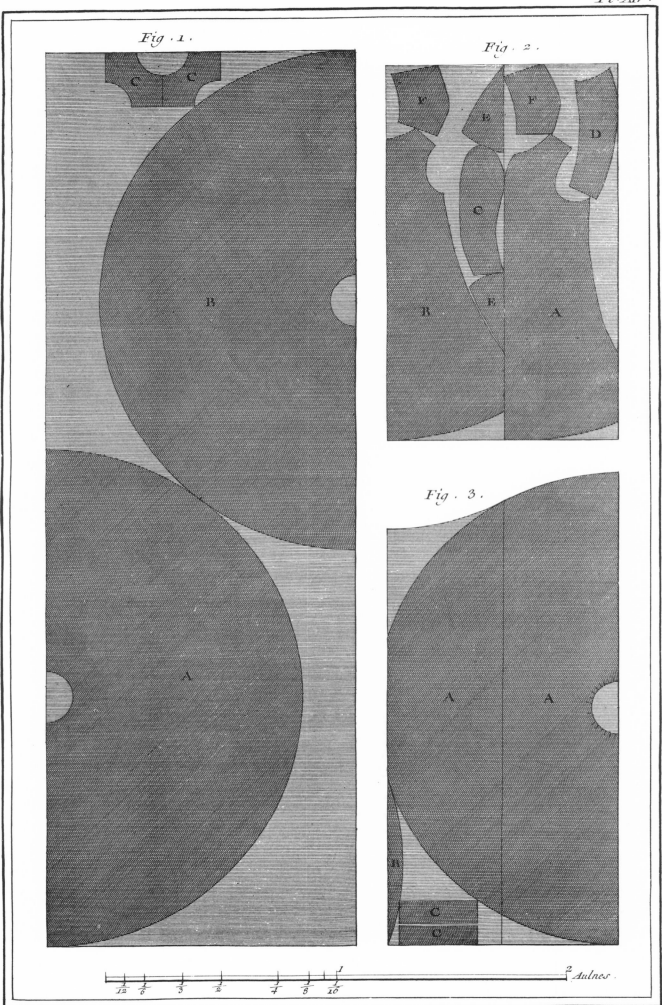

Tailleur d'Habits, *Grand Manteau de 4 Aulnes de drap,*
Étoffe étroite pour Robe de Chambre, et Voile, ou Taffetas pour Manteau d'Abbé.

Pl. XV.

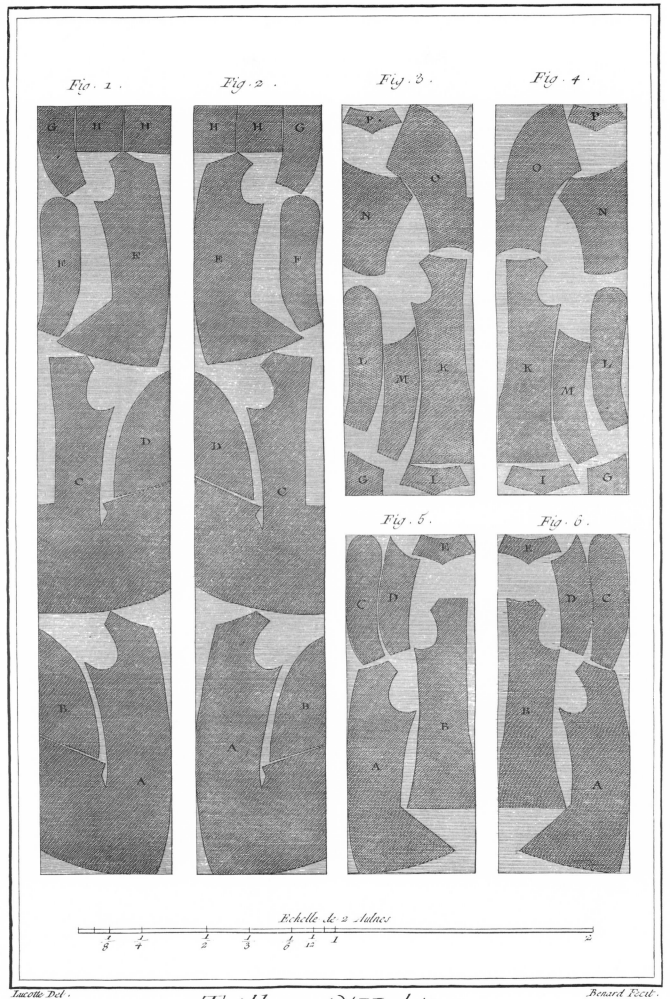

Fig. 1.   Fig. 2.   Fig. 3.   Fig. 4.

Fig. 5.   Fig. 6.

Echelle de 2 Aulnes

Lucotte Del.

Benard Fecit.

Tailleur d'Habits,

Étoffes étroites de différent Aulnage pour Habit Veste et Culotte et pour Veste seule

Pl. XVI.

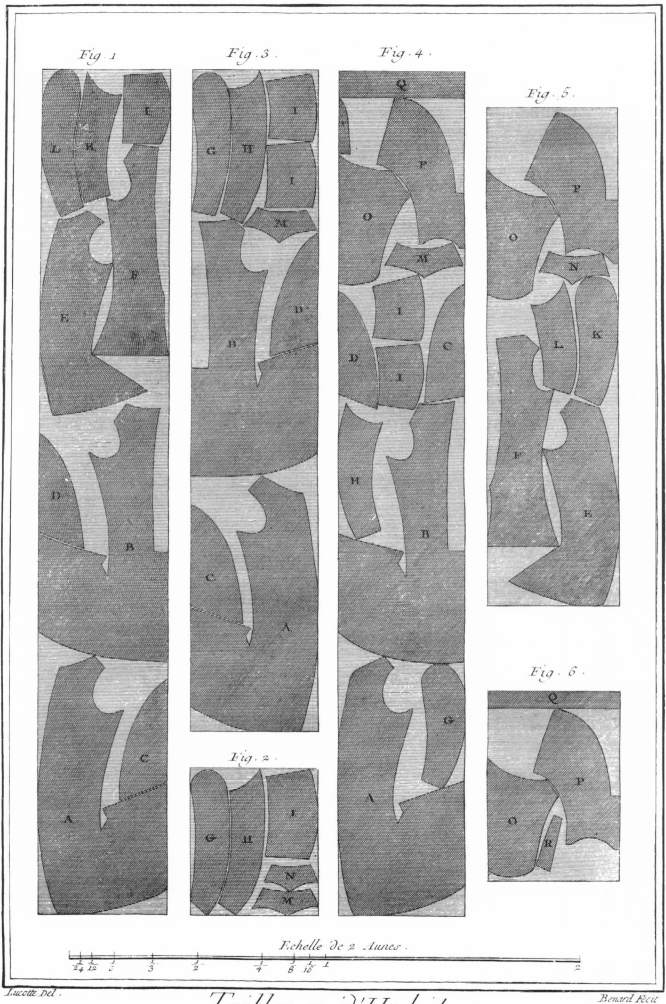

Fig. 1   Fig. 3   Fig. 4   Fig. 5   Fig. 2   Fig. 6

Échelle de 2 Aunes.

Lucotte Del.   Benard Fecit.

Tailleur d'Habits,
Étoffes étroites pour Habits Vestes et Culottes, representées par moitiés

Pl. XVII.

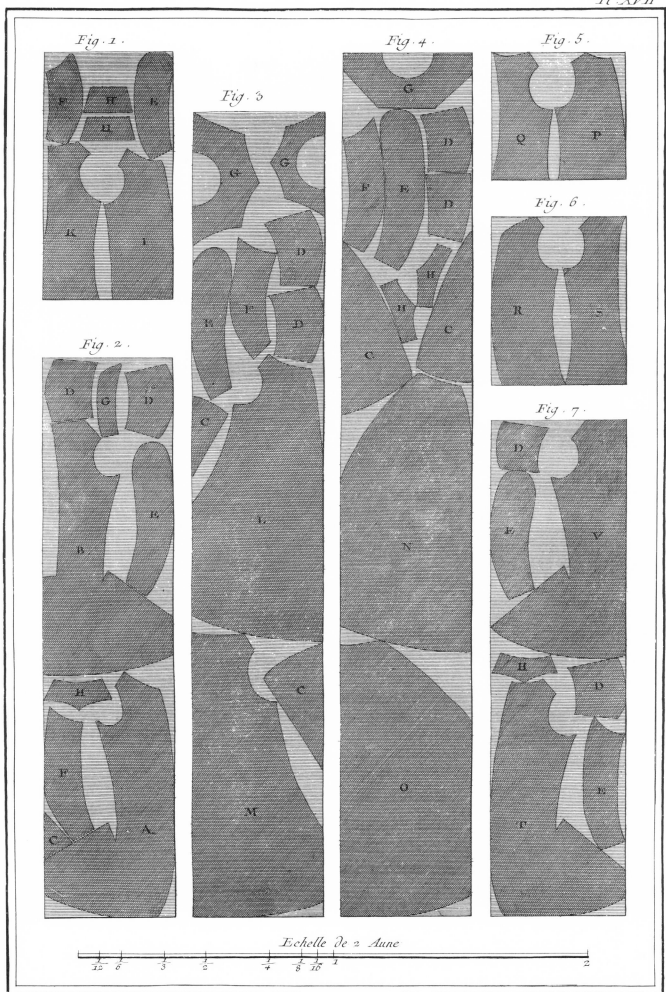

Tailleur d'Habits, Étoffes étroites de différent
aunage pour Veston, Fraque, Redingotte, Roquelaure, Camisole, Gillet et Soutanelle Vues par moitiés.

Pl. XVIII.

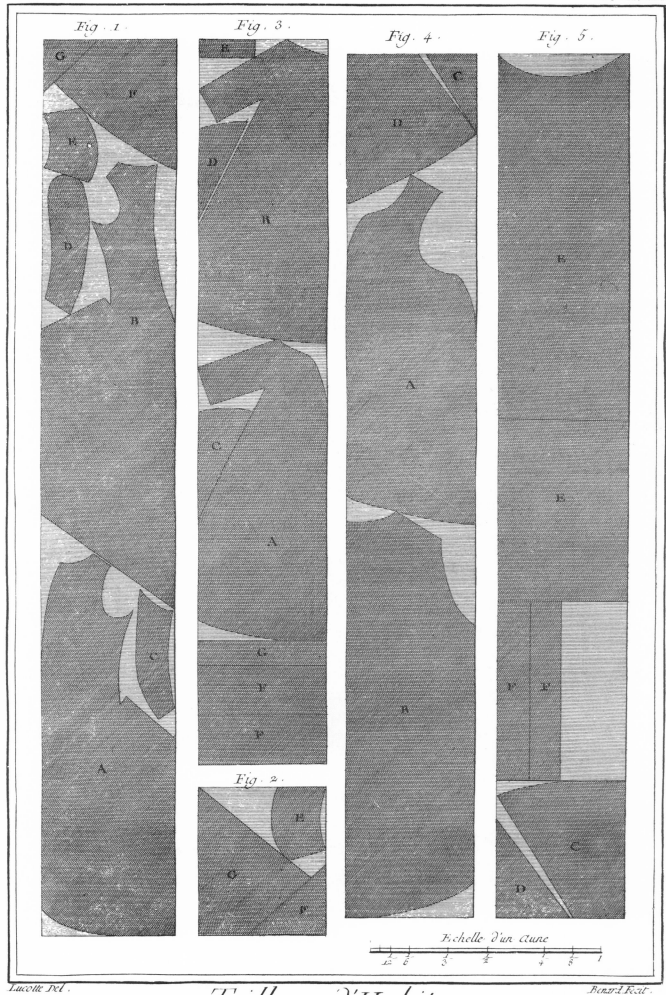

Fig. 1. Fig. 3. Fig. 4. Fig. 5.

Fig. 2.

Échelle d'un Aune

Lucotte Del.

Benard Fecit.

Tailleur d'Habits,

Étoffes étroites pour Soutanne Robe de Chambre, Robe du Palais, representées par moitié.

Pl. XIX.

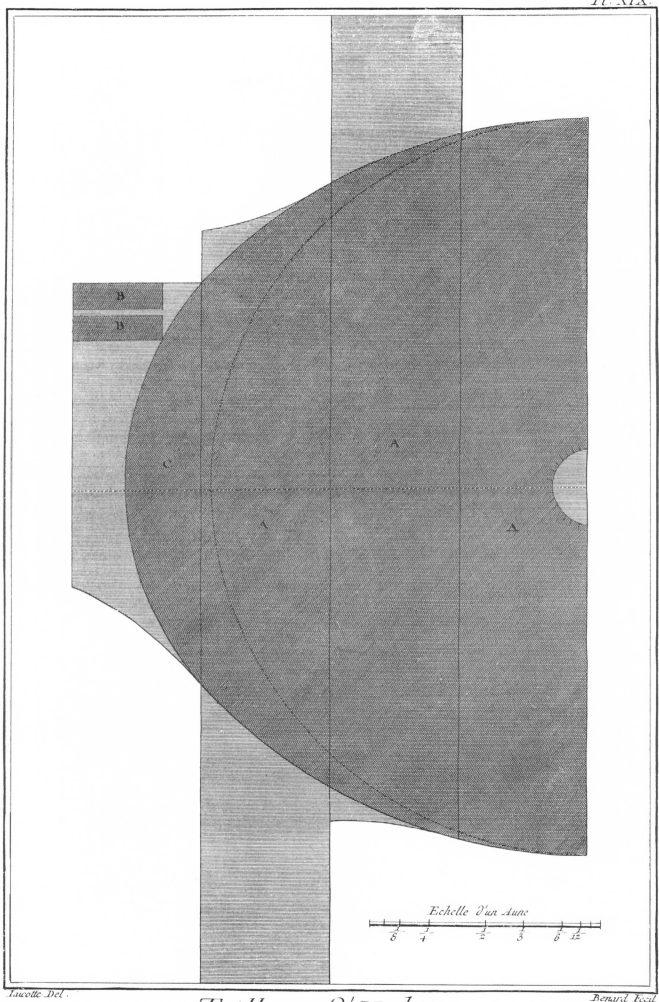

Echelle d'un Aune

Lucotte Del .

Benard Fecit

Tailleur d'Habits,
Etoffes etroite pour Habillemens Manteau long d'abbé.

Pl. XX.

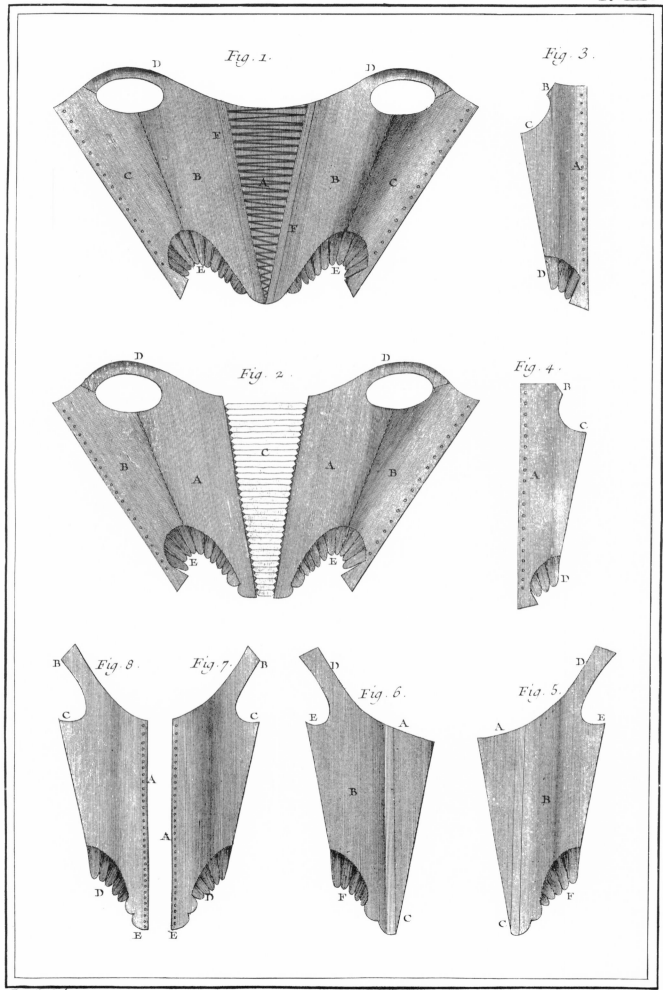

Fig. 1.

Fig. 3.

Fig. 2.

Fig. 4.

Fig. 8. Fig. 7.

Fig. 6.

Fig. 5.

Lucotte Del.

Benard Fecit.

Tailleur de Corps, Corps fermé et Corps ouvert vus de face

Pl. XXI.

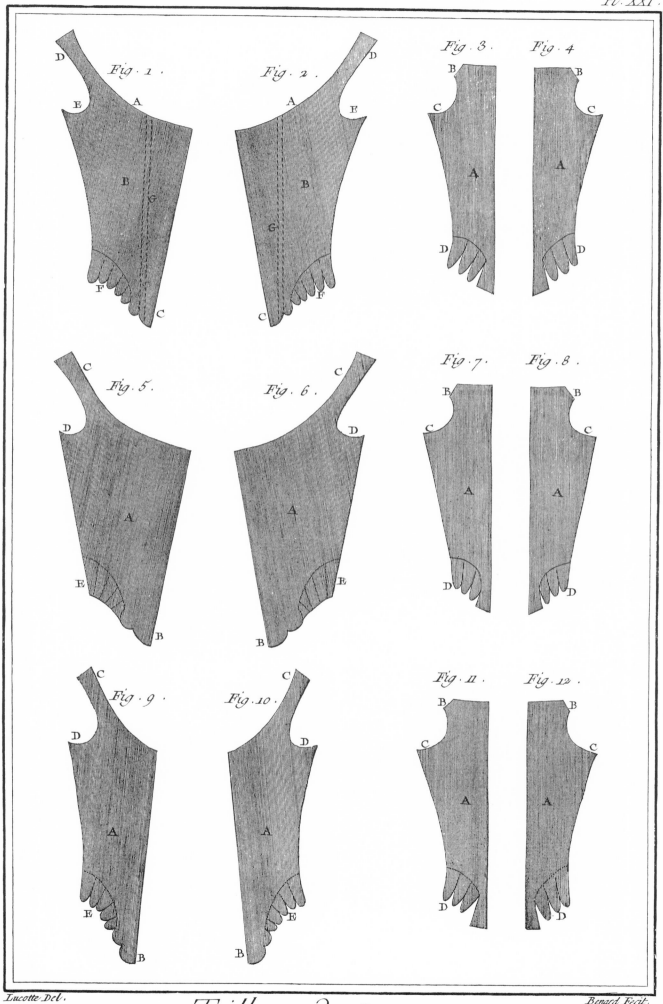

Fig. 1.
Fig. 2.
Fig. 3.
Fig. 4.
Fig. 5.
Fig. 6.
Fig. 7.
Fig. 8.
Fig. 9.
Fig. 10.
Fig. 11.
Fig. 12.

Lucotte Del.

Benard Fecit.

Tailleur de Corps,
Patrons de Corps à l'Angloise et à la Françoise fermés et ouverts.

Pl. XXII.

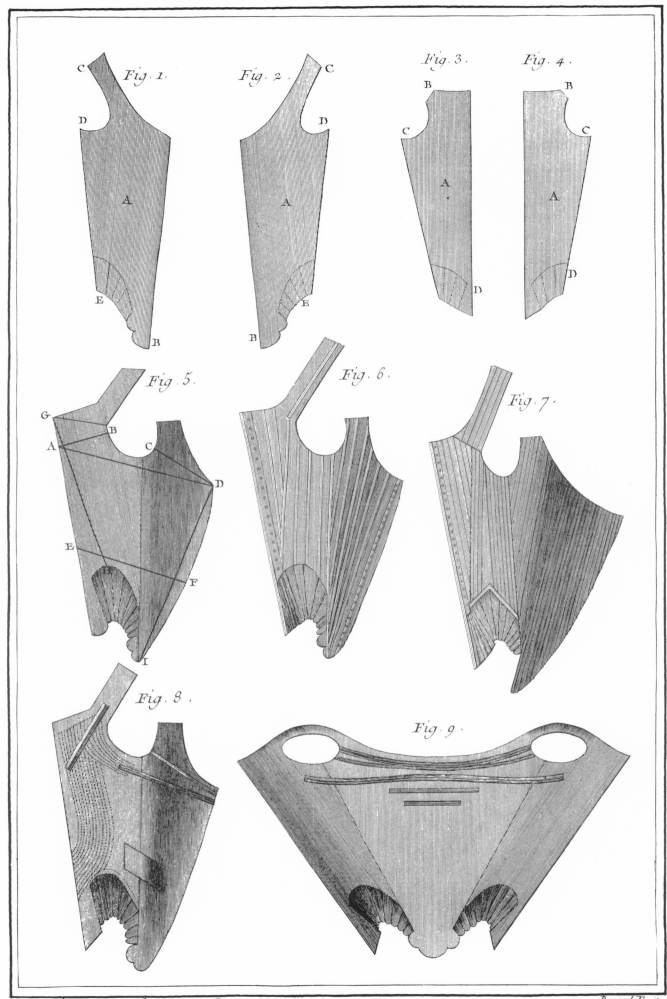

Lucotte Del.

Benard Fecit.

Tailleur de Corps, Patrons de devant et de derriere de
Corps à la françoise, differentes Opérations pour prendre la mesure d'un Corps, Corset baleiné, Corps
à baleines pleines et dispositions interieures des garnitures et des baleines de dressage.

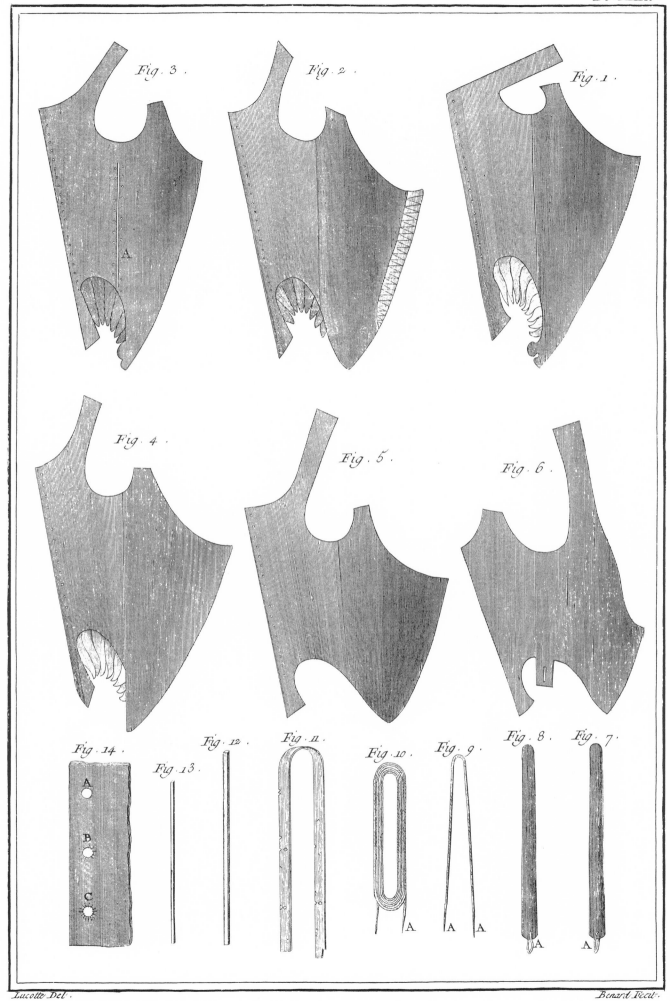

Pl. XXIII.

Fig. 3 .   Fig. 2 .   Fig. 1 .

A

Fig. 4 .   Fig. 5 .   Fig. 6 .

Fig. 14 .   Fig. 12 .   Fig. 11 .   Fig. 10 .   Fig. 9 .   Fig. 8 .   Fig. 7 .

Fig. 13 .

A

B

C

A   A   A   A   A

Lucotte Del.   Benard Fecit.

Tailleur de Corps, corps de différente espece .

Pl. XXIV.

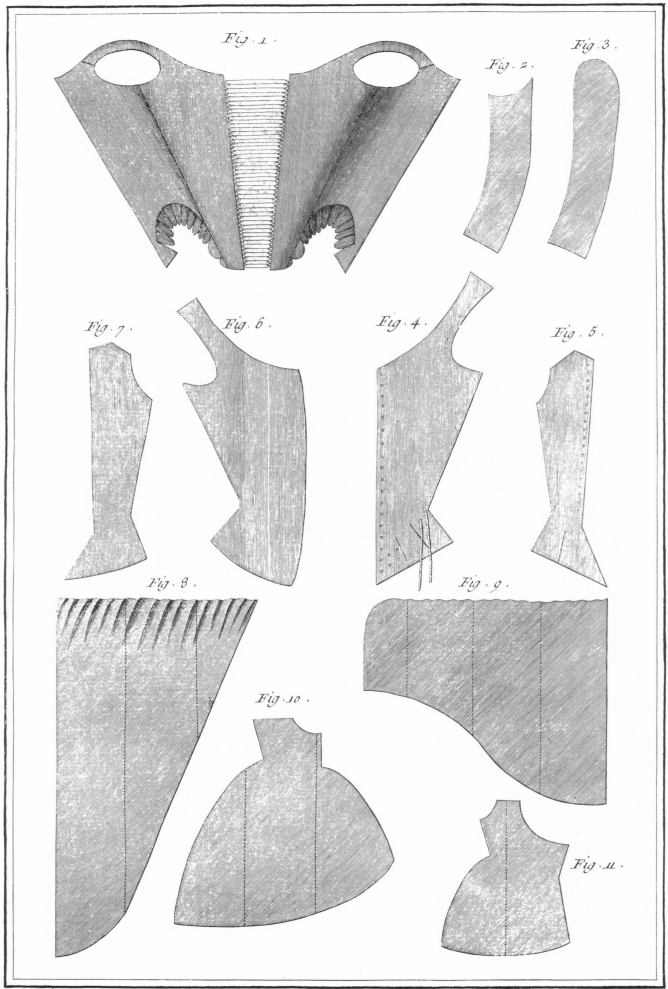

Fig. 1.

Fig. 2.

Fig. 3.

Fig. 7.

Fig. 6.

Fig. 4.

Fig. 5.

Fig. 8.

Fig. 9.

Fig. 10.

Fig. 11.

Tucotte Del.

Benard Fecit.

Tailleur de Corps, *Corps ouvert avec Lasset à la Duchesse,
et Patrons de Manches, de devant et de derriere de Corset, de Bas de Robe de Cour, de
Fourreau pour les garçons et de fausses Robes pour les filles.*

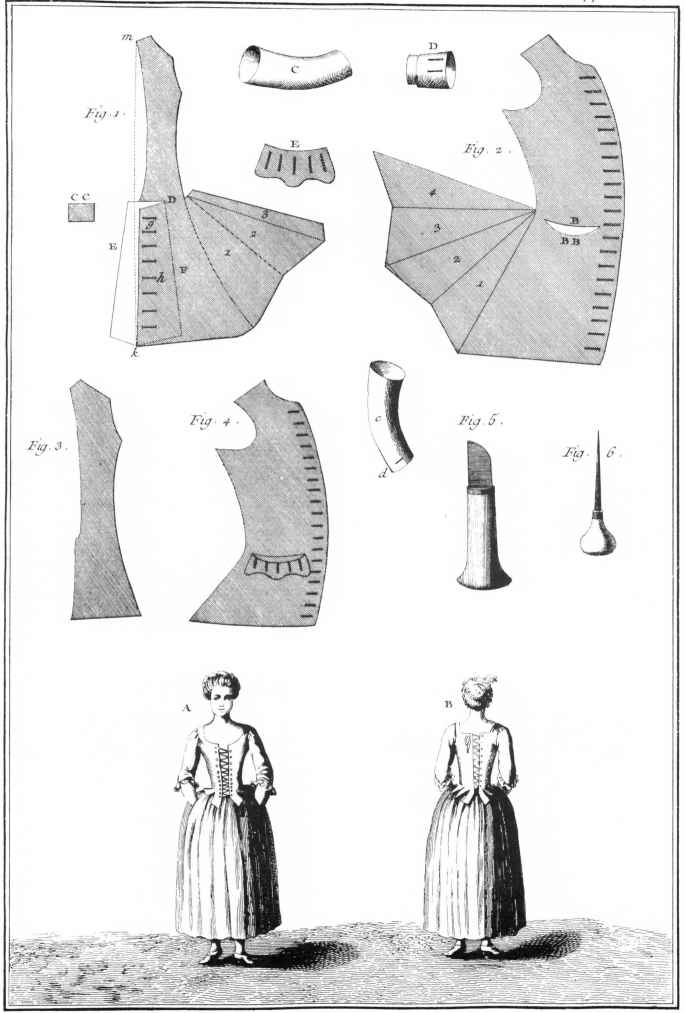

Tailleur d'Habits et de Corps.

Achevé d'imprimer
par MAME Imprimeurs à Tours
Dépôt légal : septembre 2001 (N° 01052208)